초판 1쇄 인쇄	2019년 5월 8일
초판 1쇄 발행	2019년 5월 15일

지은이	동서식품 · 제일기획
발행처	이야기나무
발행인/편집인	김상아
기획/편집	봄바람(www.bombaram.net) 박선정 선민정 박민지
마케팅	김지원 한소라 김영란
디자인	뉴타입 이미지웍스
인쇄	미래상상
등록번호	제25100-2011-304호
등록일자	2011년 10월 20일
주소	서울시 마포구 연남로13길 1 레이즈빌딩 5층 (03974)

전화	02-3142-0588
팩스	02-334-1588
이메일	book@bombaram.net
홈페이지	www.yiyaginamu.net
페이스북	www.facebook.com/yiyaginamu
블로그	blog.naver.com/yiyaginamu
인스타그램	@yiyaginamu_
YellowID	@이야기나무

이 도서의 국립중앙도서관 출판예정도서목록(CIP)은 서지정보유통지원시스템 홈페이지(http://seoji.nl.go.kr)와 국가자료종합목록시스템(http://www.nl.go.kr/kolisnet)에서 이용하실 수 있습니다. (CIP제어번호 : CIP2019014926)

값 15,000원   ISBN 979-11-85860-48-0

모카골드
경험마케팅

커피로 기억하는 행복한 순간

모카골드 30년의 기록   1

모카골드 경험마케팅 인사이트   2

오래되었지만 좋은 것들을 찾아서　3

프롤로그

Maxim

Oldies but Goodies
오래되었지만 좋은 것들

2015년 11월, 동서식품은 새로운 도전을 시작했다. 동서식품의 대표적인 커피 브랜드인 모카골드가 국민커피로 불리며 1초에 200개가 넘게 판매될 정도로 많은 사랑을 받고 있었지만, 원두커피의 대중화로 젊은 세대들에게 '커피=원두커피'라는 인식이 퍼지고 있었다. 이들에게 모카골드는 어른들이 마시는 커피, 회사커피로 '내 커피'가 아니었다. 이들과의 접점을 마련해야 했다. 우선 젊은 세대들이 모카골드를 마시지 않는 이유를 조사해 봤다. 그 이유를 살펴보니 '모카골드보다 원두커피가 더 좋아서, 모카골드의 맛이 싫어서'가 아니라 '모카골드의 맛을 몰라서, 경험하지 못해서'라는 이유가 압도적으로 많았다. 일단 이들에게 모카골드를 맛보여야 했다. 이들의 입맛에 맞춰 제품을 보완하는 건

그다음이었다. 고심 끝에 브랜드 익스피어런스 캠페인을 진행하기로
했다.

브랜드 익스피어런스(Brand Experience) 캠페인은 새로운 단어가 아
니다. 경험마케팅, 체험마케팅이라는 이름으로 오래도록 사랑받아온
마케팅 방식이다. '좋은 경험이 좋은 기억이 되어 브랜드에 대한 좋은
인식으로 이어진다.' 브랜드 익스피어런스 캠페인은 모카골드를 접하
지 못한 젊은 세대에게 모카골드를 '내 커피'로 인식시키려는 모카골드
의 취지에 적합한 방식이었다.

모카골드는 2015년 모카다방을 시작으로 매년 모카골드 익스피어런
스 캠페인을 선보이고 있다. 다방, 책방, 사진관, 우체국, 그리고 2019
년에 선보일 라디오까지. 캠페인의 콘셉트는 모카골드가 추구하는 '오
래되었지만 좋은 것들(Oldies but Goodies)'의 가치와 결을 같이한다.

제주도 푸른 바다가 보이는 탁 트인 해안도로에서 내딛은 모카골드의
작은 걸음은 해를 거듭할수록 반응이 뜨거워져 2018년 모카우체국 방
문객 수는 10만 명을 넘어섰다. 예상치 못한 폭발적인 반응에 다음 캠
페인에 대한 부담감과 책임감이 생겼다. 다음 모카골드 익스피어런스

캠페인을 준비하기에 앞서 그동안의 시간을 돌아보며 모카골드가 추구하는 가치를 확인할 필요가 있었다. 모카골드는 그동안 익스피어런스 캠페인을 진행하며 고객과 함께 나눈 경험과 그를 통해 얻은 인사이트를 한 권의 책에 담기로 결정했다.

[모카골드 경험마케팅]은 모카골드가 그동안 익스피어런스 캠페인을 진행하며 고객과 함께한 경험의 기록이자 그를 통해 얻은 경험마케팅 인사이트가 담긴 책이다. 모카다방, 모카책방, 모카사진관, 모카우체국을 방문한 사람들에게는 풍부한 사진과 상세한 설명이 담긴 글을 읽으며 당시 추억을 회상하는 기회가 될 것이다. 또한 경험마케팅을 준비하는 사람에게는 캠페인을 통해 추출해낸 경험마케팅 인사이트와 기획부터 제작, 운영까지 담긴 상세한 기록을 통해 경험마케팅의 전 과정을 알려주는 든든한 조언자가 될 것이다.

모카골드의 기억을 담담히 풀어낸 이 책을 통해 모카골드 커피믹스를 사랑하는 이들에게는 새로운 경험을, 경험마케팅에 관심이 있거나 마케팅 분야에 종사하는 이들에게는 알토란 같은 정보가 전해지길 바란다.

1

모카골드 30년의 기록

1921

맥스웰하우스 신문광고

국내 최초의 인스턴트 커피

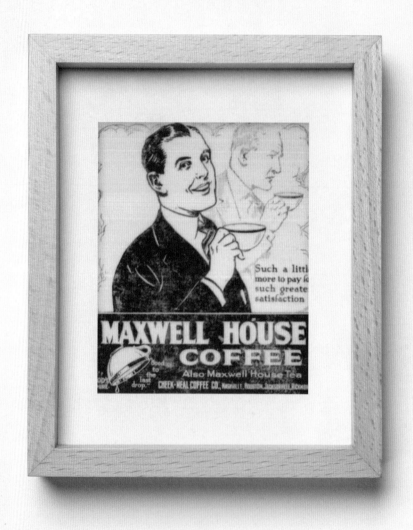

세상 어디에도
없는 맛을 만들다

한국인이거나 한국에 사는 외국인들이 한국에서만 특별하게 경험할 수 있는 것들이 있다. 남자거나 여자거나, 나이가 많거나 적거나, 금전적으로 풍요롭거나 부족하거나 상관없이 머릿속에 몇 가지 음식과 장소, 물건이 떠오른다. 김치찌개나 된장찌개, 경복궁, 한옥마을, 한강, 한복 등. 그렇다면 커피믹스는? 얇고 긴 스틱 끝부분을 손으로 찢어 그 안에 들어 있는 커피, 설탕, 크리머를 물에 넣고 (뜨거운 물이든 찬물이든) 휘휘 저어 마시는 그 커피. 커피믹스를 맛본 이들은 누구나 모양만 봐도 맛과 향을 떠올리고, 눈을 감고 향만 맡아도 그 정체를 알아챈다. 그럼 한국 사람들이 커피믹스를 경험하기 시작한 건 언제부터일까? 한국 최초의 커피는 조선 시대 고종황제를 보필했던 통역사 손탁에 의해 도입되었고, 커피믹스는 1976년 12월 동서식품이 처음 만들었다. 1970년 12월 국내 최초로 분말화된 입자의 인스턴트커피를 생산한 지 6년 만이었다. 그 배경에는 2년 전 개발한 '프리마'의 역할이 컸다. 커피농축액을 분무건조[1] 하여 분말커피를 제조하는 것처럼 우유나 그 밖의 다른 것도 분말로 만들 수 있지 않을까 하는 물음이 기본적인 출발이었다. 진한 커피의 맛을 부드럽게 만드는 크림이 액상 형태로만 존재하던 시기에 파우더 타입으로 만들어진 프리마는 가격이 저렴한 데다 보관이 쉬워 출시와 동시에 높은 호응을 얻었다. 커피 역사에 새로운 줄기를 만든 커피믹스는 이러한 환경을 바탕으로 한 평범한 물음에서 시작됐다.

"더 간편하게 커피를 즐길 수 없을까?"

---

[1] 가열한 공기나 가스 속으로 액체 상태의 물질을 뿜어 넣어 물기를 증발시키고 고체 상태의 가루로 만드는 방식. 분유나 가루비누 따위를 만드는 데에 쓴다.
출처:국립국어 표준국어대사전

당시는 커피, 프리마, 설탕을 2:2:2, 2:1:2 등으로 각자 기호에 맞게 타서 마시던 시절이었다. 똑같은 맛의 커피란 없었다. 재료가 같아도, 타는 사람이 같아도 미묘한 차이로 매번 커피 맛이 달라졌다. 오늘은 커피가 맛있게 타졌네, 이번 커피는 맛이 없네 등등 커피를 타서 한 모금 마시고 나면 커피 맛 품평이 시작됐다. 동서식품은 고객이 원하는 맛과 편리성을 찾기 위해, 연구직원뿐 아니라 전 임직원이 고객이 되어 새로운 아이디어를 모았다. 그 결과 이미 생산하고 있던 맥스웰하우스 인스턴트커피에 프리마와 설탕을 한데 넣어 일정한 맛으로 즐길 수 있는 커피믹스를 만들어냈다. 이는 동서식품이 물에 잘 녹는 식물성 크리머인 프리마를 자체 생산했기에 가능한 일이었다.

커피믹스가 출시된 지 4년 후 이 기술력을 바탕으로 동서식품만의 첫 번째 커피 브랜드 '맥심'이 탄생했다. 그리고 9년 후인 1989년 커피, 프리마, 설탕의 이상적인 배합으로 한국인이 가장 사랑하는 커피로 불리는 '모카골드'가 등장한다.

1976

세계 최초 커피믹스

1976년 12월 신제품 개발팀에 의해 탄생했다.

커피믹스, 한국을 빛낸 발명품 10선 중 하나

커피믹스가 짧은 시간 안에 대중성을 확보할 수 있었던 데는 몇 가지 이유가 있다. 우선 편리하다. 일회용 분량으로 개별 포장되어 간편하게 휴대할 수 있고, 보관이 용이하며, 더운물만 있으면 누구나 쉽게 마실 수 있다. (지금은 기술개발로 차가운 물로도 커피믹스를 즐길 수 있다) 다음으로 커피와 프리마, 설탕의 이상적인 배합을 들 수 있다. 질 좋은 원두와 프리마의 원료인 야자유의 고소한 향, 그리고 설탕의 달콤한 맛은 이상적인 배합으로 한국인의 입맛을 사로잡았다. 이미 커피와 프리마, 설탕으로 커피를 마시던 사람들에게 커피믹스는 자연스럽게 받아들여졌고, 누가 타느냐에 상관없이 '맛있는 커피'를 마실 수 있어 좋은 반응을 얻었다. 또한 커피믹스는 한국 특유의 '빨리

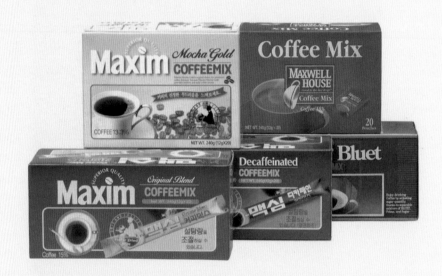

커피믹스
소비자 기호에 맞춰 출시한 다양한 종류의 커피믹스

빨리' 문화와도 잘 맞는 제품이었다. 포장지를 뜯어 커피믹스를 넣고 물을 부은 다음 휘휘 저으면 끝. 세 가지 동작이면 맛있는 커피를 마실 수 있다. 1997년 외환위기 때는 대규모 구조조정으로 일명 '커피 타는 부하 직원'이 사라졌고, 여성을 존중하는 사회 분위기가 형성되어 많은 직장에서 커피를 직접 타 마시게 되었다. 타준 커피를 마시기만 했지 타본 적이 없던 상사나 동료들뿐만 아니라 임원들, 경영진들 역시 맛있는 커피를 간편하게 만들 수 있는 커피믹스를 선호하였고, 이 시기 커피믹스 시장은 호황을 이루었다. 이들이 커피믹스를 선호한 것은 어찌 보면 당연한 일이었다.

커피, 프리마, 설탕의 비율 고민 없이 맛있는 커피를 즐길 수 있으니까.

2017년 5월, 발명의 날 52주년을 맞아 특허청에서는 페이스북을 통해 '한국을 빛낸 발명품 10선'을 조사했다. 그 결과 훈민정음과 거북선, 고려 금속활자, 온돌시설에 이어 5위에 커피믹스가 선정되었다.

또한 관세청 조사에 따르면 2017년 국내 커피 시장의 규모는 11조 7,400억 원을 기록하며 처음으로 10조 원을 돌파했다. 1인당 연간 약 512잔의 커피를 마신 셈이다.

**전체 커피 소비량 중 커피믹스는
원두커피와 캔 커피를 제치고
가장 큰 비중을 차지했다.**

각종 커피 전문 브랜드의 확산으로 원두커피 시장이 비대해지고 있음에도, 커피믹스가 간편성과 보편성을 무기로 여전히 한국인의 커피로 굳건히 자리를 지키고 있다는 방증이다. 커피를 마시고 싶은 사람이라면 누구나 언제 어디서든 똑같은 맛으로 커피를 즐길 수 있다는 건 커피믹스가 등장한 이유이자 지속되는 힘이다. 스타벅스, 이디야 등 국내외 커피 전문 브랜드가 증가하고, 유명 관광지가 아닌 동네 골목을 거닐어도 작은 카페 하나쯤은 쉽게 찾을 수 있다. 편의점이나 빵집, 서점에서도 커피를 판다. 커피 볶는 냄새가 빵 굽는 냄새만큼이나 익숙해졌다. 하지만 커피믹스는 원두커피가 대체할 수 없는 맛과 향, 그리고 또 다른 매력으로 여전히 한국인의 커피로 굳건히 자리를 지키고 있다. 아마도 커피믹스가 한국인 특유의 문화와 시대적 흐름, 소비자들의 보편적 욕구를 반영해 만들어진 발명품이기 때문이 아닐까.

전 국민이 사랑하는
대한민국 국민커피

'국민'이라는 수식어가 붙는 데는 어떤 조건이 필요할까? 국민이라는 애
칭이 붙는 사람이나 작품, 물건에는 두 가지 공통점이 있다. 한국 사람
이라면 누구나 알 정도로 유명할 것, 그리고 그 역량이나 품질이 대다
수 사람이 인정하는 수준에 도달할 것. 이러한 조건을 갖춘 대상에 우리
는 '국민'이라는 수식어를 붙인다. 그렇다면 우리나라의 국민커피는 어
떤 커피일까? 한 여행사에서 외국인 관광객 926명을 대상으로 설문조
사를 했다. '한국에서 가장 맛있는 한국 차는 어떤 차인가요?' 이 조사에
서 커피믹스는 식혜, 수정과, 매실차 등 한국을 대표하는 쟁쟁한 한국
차들을 제치고 1위를 차지했다. 이렇듯 외국인들에게 커피믹스는 맛있
는 한국 커피, 한국 차로 인식되어 있다. 외국의 인스턴트커피가 가격

2019
모카골드 광고
모카골드 Coffee is Gold 中

이 저렴한 저품질의 로부스타 원두를 사용한 반면, 한국의 맥심은 고품질의 아라비카 원두를 사용했고, 특히나 모카골드는 아라비카 원두를 70% 이상 사용했기에 외국인들의 입맛을 사로잡을 수 있었던 것이다.

대한민국의 커피믹스 사랑은 유명하다. 전문 커피숍이 유입된 지 한참이 지났지만 커피믹스의 인기는 여전하다. 원두커피가 대체할 수 없는 맛과 향, 간편성과 보편성이 그 인기 비결이다. 그중에서도 모카골드는 1989년 출시한 이래 국내 커피믹스 시장에서 부동의 1위를 지키며 가히 국민적인 사랑을 받고 있다. 모카골드를 경험하지 못한 사람조차 커피믹스 하면 노란색 커피스틱을 떠올릴 정도로 모카골드는 하나의 대명사가 되었다.

사람들은 집안일을 하다가, 사무실에서 업무에 몰두하다가, 독서실에서 공부를 하다가 잠시 휴식을 취하며 모카골드를 마신다. 모카골드 여러 개를 보온병에 타서 등산이나 여행지에서 즐기기도 한다. 노란색 스틱을 뜯어 커피믹스를 쏟아 넣고, 뜨거운 물을 붓고, 휘휘 젓는다는 문장만 읽어도 모카골드를 마시는 장면이 그려지고 어디선가 특유의 모카골드 향이 풍기는 듯하다. 이렇듯 모카골드는 사람들의 일상과 인생에 깊숙이 스며들어 있다.

모카골드 익스피어런스 캠페인

모카다방, 모카책방, 모카사진관, 모카우체국 포스터

우리는 정신이
젊어지는 브랜드입니다

국내 소비자에게 국민커피로 인정받은 모카골드에게도 고민거리는 있었다. 이대 앞을 시작으로 다양한 프랜차이즈 커피숍이 등장하면서 원두커피를 취급하는 시장이 급격히 늘어났고, 모카골드를 아직 접하지 못한 세대이자 이제 막 커피를 접하려는 젊은 층에 커피는 곧 아메리카노라는 인식이 확산되기 시작한 것이다. 모카골드를 '엄마아빠가 마시는 커피', 혹은 '부장님이 마시는 커피' 등 나이 든 사람들이 마시는 커피로 인식하는 젊은 사람들과 접점을 찾는 것, 최근 모카골드 마케팅의 가장 큰 화두였다. 이를 위해서는 기존의 마케팅 방식이 아닌 다른 접근이 필요했다. 젊은 사람들이 모카골드를 경험할 수 있는 장을 만들어야 했다. 모카골드는 지금의 트렌드를 충분히 반영하는 동시에 모카골드만의 색깔을 드러낼 수 있는 방식을 고민했다. 젊은 사람들에게 어필하기 위해 갑자기 브랜드를 영타깃으로 바꾸거나 모든 활동을 트렌디한 방식으로 진행하는 건 자칫 모카골드의 색을 잃을 위험이 있을 뿐만 아니라 오랜 시간 모카골드만의 이야기를 쌓아온 역사의 빛이 바랠 수 있기 때문이다.

모카골드는 모카골드라는 브랜드의 이름과 색은 가져가되 정신이 젊어지는 방식을 택했다.

모카골드는 오랜 역사를 가진 브랜드임을 외면하지 않고, 젊은 사람들과 소통할 수 있는 방법을 찾으려 했다. 브랜드 익스피어런스 캠페인 역시 그러한 노력의 하나로, 모카골드를 경험하지 못한 젊은 세대가 모카골드를 맛보고 체험하는 기회가 되었다. 사람들이 캠페인 현장에 방문하여 즐거운 시간을 보내고 추억을 만들며 자연스럽게 모카골드를 경험하게 한다. 즐거운 경험은 SNS를 통해 공유되어 다른 이의

2018

모카골드와 카카오프렌즈의 콜라보
맥심X카카오프렌즈 스페셜 패키지 한정판

방문을 유도하고, 다녀온 이들은 모카골드를 마시며 브랜드 익스피어런스 캠페인에서의 추억을 떠올린다. 제공한 경험이 확산되어 다른 이의 경험을 유도하고, 경험자의 추억과 제품이 연결되어 좋은 인상으로 남는다. 혹은 고객이 된다. 경험마케팅에서 꿈꾸는 이상적인 선순환이다.

젊은 세대에게 사랑받는 기업과의 콜라보도 빼놓을 수 없다. 2018년 11월 모카골드는 카카오프렌즈와 함께 '맥심X카카오프렌즈 스페셜 패키지' 한정판을 선보였다. 모카골드 최초로 캐릭터와 콜라보레이션을 한 경우였다. 국민 메신저로 불리는 카카오톡의 카카오프렌즈 캐릭터와의 콜라보는 젊은 사람들에게 친숙한 브랜드 이미지를 강화하고 소비자들에게 색다른 즐거움을 선사하기 위해 기획됐다. 맥심 모카골드 마일드, 맥심 모카골드 라이트, 맥심 모카골드 심플라떼, 맥심 화이트골드 총 4종의 패키지에 귀여운 카카오프렌즈 캐릭터를 입힌 한정판 세트에는 머그잔&코스터 세트, 보온병, 디저트볼 등 총 9종류의 한정판 카카오프렌즈 콜라보레이션 굿즈(Goods)가 포함됐다.

출시 전부터 뜨거운 관심을 불러일으킨 '맥심X카카오프렌즈 스페셜 패키지'는 출시 당일 포털사이트 네이버에 실시간 검색어 순위에 오르는가 하면 곳곳에서 품절 소식이 들리기도 했다. 국민 캐릭터와 국민커피의 만남, 노란색 하면 떠오르는 두 브랜드의 콜라보는 사람들의 호기심을 자극했고, 그 결과 맥심은 카카오프렌즈와의 콜라보 제품을 출시한 이후 평균 커피믹스 매출이 기존 대비 40% 증가했다. 메신저뿐만 아니라 게임 등으로 카카오 캐릭터에 익숙한 청년층과 생활필수품으로 모카골드를 항상 구비해두는 중장년층에게 서로의 브랜드와 캐릭터를 자연스럽게 노출하고 공략한 결과라 할 수 있다.

오래되었지만
좋은 것들을 찾아나서다

2015년, 모카골드는 시대의 변화와 사람들의 기호에 발맞춰 새로운
도전을 시작했다. 광고나 프로모션 형태의 일방적인 전달 방식이 아닌
현장에서 소비자의 반응을 확인하고 소통할 수 있는 경험마케팅을 실
행한 것이다. 모카골드를 항상 곁에 두었던 기존 고객들에게는 감사한
마음을, 모카골드를 경험하지 못한 사람들에게는 새로운 경험을 제공
하기 위해 모카골드는 브랜드 익스피어런스 캠페인을 준비했다. 모카
골드를 경험하지 못한 젊은 세대들과의 접점을 만드는 것이 주요한 목
적이었지만 그렇다고 모든 표현방식을 트렌드로 무장하지는 않았다.
대신 모카골드처럼 오래되었지만 좋은 것들(Oldies but Goodies)을
찾아 익숙함 속에서 새로움을 발견하는 즐거움을 선보였다.

2018

오래되었지만 좋은 것들
모카우체국에서 커피를 마시며 편지를 쓰는 사람들

2019

모카골드 광고
모카골드 Coffee is Gold 中

새로운 것이 계속해서 등장하고, 또 빠르게 사라지는 시대에도 여전히 남아 있는 것들에는 그만한 이유와 매력이 있다. 커피 전문점의 확산에도 여전히 한국 사람들이 가장 많이 마시는 커피, 커피믹스 역시 그러하다. 뜨거운 물만 있으면 즐길 수 있는 작은 여유. 커피믹스에는 원두커피가 대체할 수 없는 그만의 힘이 있다.

뉴트로(New Retro), 빈티지 등 지금 젊은 세대는 자신들이 경험하지 못한 과거의 것들을 재해석해 소비하고 있다. 1990년대를 점령했던 힙합 음악과 패션이 다시 유행하고, 오래된 한옥이나 공장 건물이 카페나 문화 공간으로 재탄생하는 것 또한 지나간 것에서 매력을 찾은 사람들이 만들어낸 하나의 문화다. 낡고 낙후된 거리로 생각했던 을지로, 창신동, 익선동이 젊은 사람들로 북적인 지 오래다. 오래된 것들의 가치를 느껴보라고 교육하거나 등 떠밀지 않아도 이미 젊은 사람들의 관심이 오래된 것으로 향해 있다. 그러한 분위기 속에서 Oldies but Goodies는 새로우면서도 자연스럽게 젊은 사람들에게 다가갔다. 그 시절을 살았던 이들에게는 추억을, 그때를 모르는 이들에게는 트렌디하고 새로운 경험을 선물하며.

한눈에 보는

모카골드 익스피어런스 캠페인

2016. 04. 01
맥심 모카골드 브랜드 익스피어런스
캠페인 시즌 2 모카책방 오픈

1989. 05. 01
맥심 모카골드 발매

2016

1989

2015

2017

2015. 11. 21
맥심 모카골드 브랜드 익스피어런스
캠페인 시즌 1 모카다방 오픈

2017. 03. 28
맥심 '모카책방' 국민이 선택한
좋은 광고상 TV부문 수상

2017. 11. 26

맥심 모카골드 브랜드 익스피어런스
캠페인 시즌 4 모카우체국 오픈

맥심 모카골드 브랜드 익스피어런스
캠페인 시즌 3 모카사진관 오픈

2017. 05. 12

맥심 '모카사진관' 대한민국 광고
대상 프로모션 부문 동상 수상

2018. 05. 08

2018

2017. 07. 24

찾아가는 모카사진관
봉사활동 실시

2018. 11. 23

맥심 '모카우체국' 대한민국 광고
대상 프로모션 부문 금상 수상

2

모카골드 경험마케팅 인사이트

마음을 움직이는
브랜드 경험은
화려한 포장이
—— 아닌
소박한 진심에서
시작된다

첫 번째.

1

제품과 서비스의 품질만으로는 사람들의 마음을 사로잡기 힘든 시대다. 경험의 가치로 브랜드를 선택하는 시대, "좋은 경험을 하고 싶다"라는 인간의 보편적인 욕망에 응답하는 경험마케팅(Experience Marketing)을 시작하면서 모카골드는 고객에게 잊지 못할 브랜드 경험(Brand Experience)을 제공하기 위해 어떤 이야기를 건네야 할지 고민했다. 고객이 좋아할 것 같은 화려한 포장이나, 좋아 보이는 것으로 잘 보이려 하는 것이 아니라, 모카골드가 이미 가지고 있는 본질과 진실성을 파고들어 마음을 움직일 수 있는 이야기를 찾는 것이 경험마케팅 설계의 첫 단추였다. 진정성 있는 이야기는 만들어지는 것이 아니라 발견하는 것이니까. 경험마케팅 프로젝트의 당위성을 찾고, 누구와 만나 무슨 이야기로 어떤 경험을 나누고 싶은지 고민했다.

주요 목적은 커피믹스를 경험하지 못한 밀레니얼 세대와의 간극을 좁히는 것이었다. '커피믹스는 곧 모카골드'라는 인식을 공고히 다지며 직장인커피, 엄마아빠커피로 불리면서 회사마다 가정마다 꼭 구비해 두는 생활필수품으로 자리 잡았지만 어른들이 마시는 커피 혹은 부모님 세대의 커피라는 고정관념 또한 뚜렷했다. 커피믹스보다 커피 전문점 커피가 익숙한 세대와 연결고리를 만들기에 기존의 일방향 광고 마케팅은 한계가 있었다. 참여하면 모카골드를 선물로 준다는 식의 이벤트 역시 매력적이지 않았다. 그렇다고 오랜 시간 쌓아온 브랜드의 헤리티지를 버리고 젊은 세대와 접점을 만들기 위해 억지스럽게 어려 보이는 활동을 하는 건 모카골드가 지향하는 바가 아니었다.

> "오래됐지만 좋은 것이라는 모카골드 가치를 어떻게 전달할까?"
> "모카골드를 경험하지 못한 이들이 우리에게 멀어져 가고 있다."
> "한번 맛을 보면 생각이 달라질 텐데…."
> "모카골드 브랜드를 닮은 일상 공간에서 경험할 기회를 제공하면 어떨까?"

오랜 고민 끝에 모카골드는 아직 모카골드를 경험하지 못한 이들이 모카골드를 접할 수 있는 경험의 장을 만들기로 했다. '젊은 세대로의 모카골드 전파'라는 당위성을 찾은 모카골드는 제품을 홍보하고 제품의 사용 방법을 알리는 일반적인 이벤트 스토어나 시음회가 아닌 모카골드의 철학이 담긴 일상 공간을 만들어 그곳을 찾아온 사람들이 자연스럽게 모카골드의 가치를 느끼길 바랐다. 그렇게 탄생한 공간이 '모카다방'이다.

모카다방은 집이나 사무실처럼 평소 모카골드를 마시던 공간에서 벗어나 제주도의 한적한 해안 도로변에 문을 열었다. 다방에 들른 사람들은 무료로 제공하는 모카골드를 마시며 여유로운 시간을 즐겼고, 모카골드는 이들의 기억 속에 자연스럽게 스며들었다. 언젠가 제주도 한적한 카페에 들어가 모카골드를 마셨던 기억, 따뜻하고 편안했던 그 공간의 느낌이 브랜드에 대한 느낌과 어우러져 모카골드를 항상 내 곁에 있는 내 커피로 인식하게 한다. 이렇듯 모카다방에서의 오래 기억하고 싶은 경험은 모카책방과 모카사진관, 모카우체국으로 이어졌다.

고객은
단순한
데이터가 아니라
―― 구체적으로
살아가는
복잡한 사람이다

두 번째.

2

브랜드 익스피어런스(Brand Experience) 캠페인을 시리즈로 운영하면서 다양한 추억과 기록이 쌓였다. 그중 하나가 남녀노소, 세대를 가리지 않은 다양한 세대와 계층의 방문이다. 특정 타깃을 설정하여 짧고 강하게 치고 빠지는 일반적인 이벤트 스토어와 달리 한 장소에서 장기간 진행한 모카골드 익스피어런스 캠페인의 특징이라 할 수 있다. 캠페인이 운영되는 동안 방문객 수는 일일 최소 50~60명에서 최대 몇천 명을 넘기기도 했다. 특히 네 번째로 진행한 모카우체국은 두 달간 총 10만4166명이 방문했다. 연령별로 보면 20~30대의 방문이 가장 많았지만, 중장년층인 50~60대의 방문도 끊이지 않았다. 이뿐만이 아니다. 근방에 있는 학교에서 야간자율학습을 하기 전에 들르는 10대 소녀들도 있었고, 유모차를 끌고 아이와 함께 오는 엄마, 인근에 사는 할머니와 할아버지, 심지어는 삼대(三代) 가족이 다 같이 방문하는 경우도 꽤 있었다. 이렇듯 다양한 세대가 방문하는 캠페인 현장을 운영하려면 어떻게 해야 할까? 우선 방문객을 특성에 맞게 분류하고 그에 맞는 대응 매뉴얼을 짜는 게 보통이다. 그렇지만 모카골드 익스피어런스 캠페인의 운영 매뉴얼에는 성별이나 세대별 대응 방식이 따로 없었다. 캠페인 현장을 방문하는 사람들의 성별, 나이, 외모, 특징에 상관없이 그들이 품고 있는 이야기에 귀를 기울였다.

> "이곳을 찾는 사람은 나이가 많은 분도 있지만 아주 어린 사람도 있어요. 또 그 사람이 여행객일 수도 있지만 동네 사람일 수도 있고요. 그런 걸 예측하거나 판단하지 않으려고 했어요. 사람들의 질문에 답변하면서, 자연스럽게 한 사람 한 사람과 대화하고 호흡하려고 했어요."

모카다방에서 실제로 방문객과 마주한 운영팀의 이야기다. 이들은 특정 타깃이 아닌 캠페인 장소에 발을 들인 방문객 모두를 각각의 지표로 삼고 모든 소통의 창구를 열어놓았다. 이는 모카골드가 특정 타깃의 만족만을 노렸거나 100명에게 20%의 만족감을 주면 이 프로젝트는 성공이라는 식의 성과 수치를 목표로 삼지 않았기에 가능한 일이었다. 단순히 제품에 대한 설명을 듣거나 제품을 체험하고 돌아가는 경험마케팅에서는 그 자리에서의 제품 홍보 이외의 효과를 기대하기 힘들다. 어떤 사람들이 다녀갔는지 알 수 있는 간략한 정보가 담긴 참여자들의 방문 기록이 남을 뿐이다. 직접 제품을 보고 맛보아도 그 자리를 벗어나 일상으로 돌아오면 제품과 나는 분리된다. 경험마케팅이 많지 않았던 시기에는 제품을 체험하는 것만으로도 깊은 인상을 남길 수 있었지만, 지금은 자극이 넘쳐나는 시대다. 기존 미디어를 비롯한 SNS, 포털 등에서는 습득해야 할 각종 뉴스와 패스트데이터가 쏟아진다. 잠깐 맛보고 체험하는 것만으로는 제품을 기억할 수조차 없다. 그렇다면 어떻게 해야 할까?

모카골드가 선택한 방법은 '추억'이었다. 모카골드 익스피어런스 캠페인에서의 경험을 추억으로 만들어 제품과 방문객의 연결고리를 만든다. 캠페인 현장에서의 경험이 추억이 될 수 있도록, 기계적이거나 계산적인 대응 대신 사람 대 사람으로 접근해 방문객의 마음을 여는 데 집중했다. 이때의 추억을 떠올리면 자연스럽게 모카골드가 떠오르고, 모카골드를 마실 때는 이때의 경험이 떠오르도록. 이러한 모카골드 익스피어런스 캠페인의 방식은 기대효과 이외에 모카골드를 경험한 이들의 생생하고 다양한 피드백을 얻는 의외의 성과를 거두기도 하였다.

강요하지도
구걸하지도 않고
——— 담담하게
스며든다

세 번째.

3

경험마케팅을 할 때 가장 어려운 것은 무엇일까? 바로 욕심을 버리는 것이다. 어떤 콘셉트로 할지 기획을 하고, 어떤 모습으로 나타낼지 공간을 구성하고, 그 안을 채울 다양한 콘텐츠를 만들고, 사람들에게 제공할 서비스를 생각하면서 아이디어는 계속해서 추가된다. 아이디어가 추가되는 만큼 욕심은 늘어날 수밖에 없다. 하지만 브랜드 익스피어런스 캠페인을 실현할 공간은 한정되어 있고, 그 안에서 사람들이 즐길 수 있는 것에는 한계가 있다. 공간이 품을 수 있는 정도를 벗어난 과도한 콘텐츠와 지나치게 많은 서비스는 역효과가 날 수 있다. 선택과 집중, 절제가 필요하다. 공간에 어떤 것을 담아낼지 주제를 선택하고, 선택한 주제가 잘 나타날 수 있도록 콘텐츠에 집중하며, 소화할 수 있는 콘텐츠와 서비스의 양을 파악하고 넘치지 않게 절제해야 한다. 모카골드 익스피어런스 캠페인 역시 바로 이 점에 가장 유의했다.

"욕심을 내려놓고 취지에 집중하자."

모카골드 익스피어런스 캠페인을 기획하고, 제작하고, 운영한 이들이 지침처럼 되새긴 내용이다. 이를 보여주듯 모카골드 익스피어런스 캠페인 현장에는 다음 세 가지가 없다.

우선 제품 판매가 없다. 일반적인 이벤트 스토어는 체험 현장이 곧 제품 판매 현장이 된다. 제품을 경험하고 나오는 길이 제품을 판매하는 곳으로 이어지도록 동선을 짠다거나 구매를 하는 소비자와 구매를 하지 않는 소비자를 분류해서 제품을 구매할 것 같은 소비자에게 집중해서 제품에 대해 설명하고 응대하기도 한다. 이벤트 스토어를 판촉 행사로 생각하여 이때의 제품 판매량을 마케팅의 성공 여부를 평가하는 중요한 성과로 여기기도 한다.

하지만 모카골드 익스피어런스 캠페인에서는 모카골드 커피믹스를 팔지 않았다. 일단 캠페인 장소를 방문한 사람들에게 모카골드 한 잔을 기본으로 제공했고, 인스타그램 등 간단한 SNS 업로드나 방명록에 글을 쓰는 사람들에게 모카골드에서 제작한 커피믹스용 커피잔을 비롯해 코스터 등을 선물했다.

두 번째는 제품 설명이다. 경험마케팅 현장에서는 소비자를 마주하게 된다. 직접 소비자의 이야기를 들으며 제품에 대한 불편함, 수정했으면 하는 바람 등 생생한 피드백을 들을 수 있고, 잘못 알려진 제품에 대한 오해를 해명할 수도 있다. 고객이 몰랐던 혹은 몰라주는 기업의 노력이나 제품의 장점을 어필할 기회이기도 하다. 하지만 제품의 기능이나 기업의 입장이 궁금해서 이벤트 현장을 찾는 사람은 드물다. 호기심에, 혹은 우연히 이벤트 장소를 방문한 이들에게 쏟아지는 제품 설명은 원치 않는 정보의 습격으로 느껴져 어서 이곳을 빠져나가야겠다는 생각을 불러일으킨다. 절제가 필요한 지점이다.

모카골드 익스피어런스 캠페인의 카페지기들은 방문객이 물어보지 않는 이상 모카골드가 어떤 공정을 거쳐 만들어졌는지, 그 성분이 어떻고, 맛은 어떠한지 등 제품에 대해 설명하지 않았다. 대신 어떻게 오셨는지, 다음 일정은 어떻게 되는지 등 공간을 찾은 방문객들의 이야기를 묻고 대화를 나누었다. 모카골드라는 브랜드와 제품을 알리기보다는 고객과 소통하기 위해 마련한 공간이었기에 가능한 일이었다.

모카우체국에는 그동안 진행한 모카골드 익스피어런스 캠페인을 정리한 히스토리월이 있었는데, 이 역시 장황한 설명 대신 왜 이런 프로젝트를 하게 되었는지에 대한 짧은 소개와 모카다방, 모카책방, 모카사진관에 대한 간략한 설명이 전부였다. 모카골드 익스피어런스 캠페인에 대해 궁금해하는 방문객들을 위한 콘텐츠로 카페지기가 따로 소개하거나 읽어보라고 권하지는 않았다.

세 번째는 SNS에서 활동하는 인플루언서를 통한 광고성 게시물이다. 적게는 만 명 단위에서 많게는 수백만 명의 팔로워를 거느리고 있는 인플루언서들의 홍보가 있었다면, 모카골드 익스피어런스 캠페인은 시작부터 문전성시를 이뤘을지도 모른다. 그렇지만 모카골드는 인플루언서의 힘을 빌리지 않았다. 모카골드는 거대 광고와 맞먹는 인플루언서의 홍보가 아닌 직접 캠페인 장소를 방문한 사람들이 퍼트리는 입소문의 힘을 믿었다.

모카골드 익스피어런스 캠페인에 없는 세 가지에는 공통점이 있다. 바로 '강요'다. 우리 제품을 사라는, 이 제품에 대한 설명을 들어보라는, 그리고 이곳에 오라는 강요가 없다. 캠페인을 준비하는 모든 과정에서 작위적이진 않은지, 강압적이진 않은지 돌아보고 또 돌아본 결과다. 아무리 좋은 아이디어라 할지라도 그 방식이 일방적이라면 제외했다.

일방적인 지시나 강요를 받을 때 사람들이 불편해하거나 불쾌해한다는 것을 알았기 때문이다. 모카골드 익스피어런스 캠페인은 사람들이 이 경험을 통해 브랜드에 대해 좋은 기억을 가져가는 데에 집중하고, 그에 방해가 되는 요소들은 실행 단계에서 모두 제거했다. 덕분에 방문객들은 자연스럽게, 그리고 주체적으로 브랜드와의 추억을 쌓을 수 있었다.

스스로의
이야기와
연결하는 순간,
—— 고객은
자발적 마케터가
된다

네 번째.

4

모카골드 익스피어런스 캠페인은 1년에 한 번, 약 두 달간 운영하는 이벤트 공간이다. 그중에는 사람들이 많이 모이는 핫플레이스나 역세권 등 접근하기 쉬운 장소가 아닌, 차 없이는 찾아가기 힘든 외따로 떨어진 곳도 있었다. 지역도 매번 달랐다. 제주도의 태흥리, 서울의 성수동, 부산의 청사포, 전주의 한옥마을까지. 시작인 제주도에서부터 좋은 반응을 얻으며 차츰 그 방문객 수가 늘어나 네 번째 전주에서 진행한 모카우체국의 경우 10만 명이 넘는 방문객이 캠페인 장소를 찾아왔지만, 전파를 타고 전국 어디로든 뻗어나가는 TV 광고의 도달률에 비하면 훨씬 적은 숫자다. 그럼에도 모카골드의 경험마케팅이 유효한 성과를 거두었다고 보는 이유는 방문객들이 SNS에 올린 생생한 경험의 기록 때문이다. 모카골드 익스피어런스 캠페인 장소를 방문한 사람들은 수많은 사진을 찍어서 SNS에 올렸다. SNS를 타고 흘러간 이들의 경험은 새로운 이들의 방문으로 이어지고, 새로운 경험으로 이어진다. 일방적인 전달이 아닌 개개인의 감상과 느낌으로 이어진 경험의 파도. SNS는 기본적으로 사적인 공간이다. 업무상 올리는 홍보용 사진이 아니라 개인 SNS에 특정 브랜드에 관련한 글이나 사진, 영상을 올리는 것은 이를 통해 나를 드러내고자 하는 데 목적이 있다. 이 브랜드를 경험한 것을 보여줌으로써 자신의 라이프스타일을 설명하는 것이다. 그래서 사람들은 SNS에 올라온 개인의 콘텐츠를 상업적으로 받아들이지 않고, 그 사람의 이야기로 받아들인다.

모카골드 익스피어런스 캠페인은 기획 단계에서부터 이 점을 고려했다. 캠페인 장소를 선정하고, 내외부 인테리어를 디자인할 때도 SNS에 올리고 싶도록 아기자기한 소품과 사진 찍기 좋은 장소, 분위기에 신경 썼다. 중요한 건 모든 것이 자발적이어야 한다는 것, 콘텐츠를 생산하는 주체가 카페지기 등 모카골드 익스피어런스 캠페인 관련자가 아닌 순수한 방문자여야 한다는 점이었다.

스스로 내 공간에 이 모습을 올리고 싶도록, 내가 이 공간에 있었다는 것을 알리고 싶고, 이 공간과 경험을 널리 전파하고 싶도록 모든 공간과 콘텐츠를 예쁘고 매력적이게 만들었다. 모카골드 익스피어런스 캠페인 장소에 다녀온 것 자체가 자랑하고 싶은 경험이 되도록 다양한 장치도 마련했다. 모카골드는 단순히 공간을 꾸미는 데 그치지 않고,

캠페인 장소에 다녀간 사람들이 모카골드의 팬이 될 수 있도록, 혹은 모카골드 익스피어런스 캠페인의 팬이 될 수 있도록 진심을 전하는 데 공을 들였다.

> "캠페인 현장에서의 기분 좋은 경험으로 모카골드팬이 늘어나는
> 것, 그게 가장 좋죠."

모카골드 익스피어런스 캠페인을 진행한 마케팅 담당자의 말이다. 캠페인에서의 기분 좋은 경험이 브랜드에 대한 좋은 인상으로 이어져 브랜드 팬이 형성된다. 모카골드 익스피어런스 캠페인에서 모카골드팬이 된 이들은 캠페인 공간을 사진 찍고 영상으로 담아 자신의 SNS에 올리고 홍보한다. 자신의 근황과 캠페인 경험에 대한 짤막한 소감과 함께.

그 결과는 온라인상의 폭발적인 반응으로 나타났다. 이전 TV 광고를 하는 동안 SNS에 올라온 모카골드 관련 해시태그가 1천 개 내외였다면, 네 번째 익스피어런스 캠페인인 모카우체국 때만 3만 개가 넘는 포스팅이 올라왔다. 모두 개개인이 자신의 SNS에 사적으로 올린 콘텐츠였다. 물론 그 안에는 모카골드가 최고라거나 모카골드 익스피어런스

캠페인을 꼭 가보라는 식의 홍보성 이야기는 없다. 다만 #모카골드 #커피가공짜야 #드디어모카우체국에왔다 #공간넘예쁨 #풍경도예쁨 #매일매일오고싶다 #오랜만에손글씨 #엄마한테보내기 등의 짧은 감상과 함께 모카골드 익스피어런스 캠페인 장소 이곳저곳을 찍은 사진과 가족이나 연인 등 소중한 사람들과 함께 찍은 사진이 있다. 즐겁고 행복한 기억을 남긴 사람들의 SNS 포스팅의 행간에 모카골드를 즐겼던 순간들이 존재한다. 진정성 있는 이들의 글은 받는 이들에게 전혀 거부감이 느껴지지 않는 마케팅 활동이 되어 광고 이상의 효과로 나타난다.

"모카다방 때부터 왔어요."
"작년에는 혼자 왔는데 이번에는 남자친구랑 왔어요."
"너무 좋아서 가족들 다 데리고 왔어요."
"다음 캠페인은 언제 해요?"

모카골드 익스피어런스 캠페인 방문객들의 말이다. 이전에 모카골드 익스피어런스 캠페인을 방문했던 사람들이 그때의 좋은 기억을 안고 다시 방문하는 경우가 늘고 있다. 캠페인을 진행하는 시기도, 장소도 매번 달라졌지만 모카골드 익스피어런스 캠페인을 관심 있게 지켜보며 방문 계획을 세운다. 휴가 일정까지 조정해서 찾아오는 이들도 있다. 모카골드 익스피어런스 캠페인에 팬이 생긴 것이다. 최고의 마케터라 할 수 있는 고객을 브랜드 팬으로 만든 것, 모카골드 경험마케팅의 유의미한 성과라 할 수 있다.

개인에서
사회로, 사회에서
세상으로
—— 경험의
가치를 확장한다

다섯 번째.

5

사람들이 찾아와야 하는 경험마케팅의 특성상 위치 선정은 가장 어려운 과제 중 하나였다. 모카골드 익스피어런스 캠페인은 우선 지역을 정하고, 그 안에서 캠페인을 진행하기에 적합한 장소를 찾았다. 그렇게 정해진 네 곳이 제주도 서귀포시 남원읍 태흥리의 모카다방, 서울특별시 성동구 성수동의 모카책방, 부산광역시 해운대구 청사포로의 모카사진관, 전주시 한옥마을의 모카우체국이다. 모카골드가 전하려는 가치, 모카골드 브랜드 이미지에 맞으면서 너무 번화하지 않고, 사람들이 찾아올 수 있는 장소. 모카골드 익스피어런스 캠페인을 진행할 장소의 조건이었다. 여기에 하나 더, 카페 상권이 형성된 곳은 배제할 것. 모카골드는 캠페인의 운영으로 주변 상권이 피해 보는 것을 원하지 않았다. 이른바 상도를 지키며 운영하고자 노력했다. 캠페인 장소가 결정되었을 때 가장 먼저 신경 썼던 부분 역시 혹시나 주변 상권이 피해를 보지는 않을지 살펴보는 것이었다. 모든 작업은 주변 상인들에게 찾아가서 인사를 드리고 신뢰 관계를 만들어 놓은 후에 진행되었다.

신경을 쓴 건 주변 상인들뿐만이 아니었다. 제주도나 부산, 전주처럼 서울이 아닌 지역에서 캠페인을 진행하는 동안 필요한 카페지기를 비롯한 일러스트나 사진작가 등의 필요 인력을 해당 지역에서 찾았다. 전주에서 진행한 모카우체국에서는 카페지기의 절반이 전주 사람이었고, 부산의 모카사진관에서 방문객들의 사진을 촬영했던 사진작가는 부산 지역을 기반으로 활동하는 작가로 선발했다. 또 캠페인 장소를 찾아오는 이들이 해당 지역을 관광할 수 있도록 주변에 둘러볼 만한 곳을 표시한 관광 지도를 만들기도 했다.

이 외에 지역과 연계된 사회공헌 활동을 하기도 했다. 모카사진관이 문을 닫은 이후 사진작가들과 함께 인근에 거주하는 어르신의 사진을 찍어드리는 '찾아가는 모카사진관'을 실시했다. 부산 내에 거주하는 분 중 모카사진관 방문이 어려운 분들을 직접 찾아가자는 취지로 시작한 봉사활동이었다. 부산광역시 북구 금곡 종합사회복지관에서 진행한 사진촬영으로 50여 명의 어르신이 장수와 건강을 기원하는 장수사진을 촬영하셨다.

우체국을 테마로 한 모카우체국 때는 '맥심 모카우체국이 집배원 여러분을 응원합니다'라는 슬로건 아래 전북 전주시에 위치한 동전주우체국을 찾아 집배원분들에게 응원의 메시지와 함께 모카골드 제품을 전달했다. 모카우체국과 연계해 우편, 택배 등 배송을 위해 현장에서 고생하는 전주 지역 집배원분들께 감사의 마음을 전달하려는 취지였다.

이 모든 활동은 모카골드 익스피어런스 캠페인 운영과는 직접적인 관련이 없었다. 이를 제품 판매의 수단이나 방문객을 늘리기 위한 도구로 삼지도 않았다. 다만 모카골드가 모카골드 익스피어런스 캠페인을 통해 전하려는 가치, 지향하는 바와 닮았기에 자연스럽게 추진되어 진행한 활동들이다. 억지로 그럴듯하게 꾸미고 포장하기보다 진심을 담아 마음을 전하려는 것은 모카골드 익스피어런스 캠페인을 기획하고 진행한 이들 모두가 공유한 가치다. 이들의 진솔한 마음이 지역 사회에 작지만 따뜻한 일을 벌이고, 또 하나의 잊지 못할 경험으로 기억되었다.

복잡한 것을
단순하게,
지루한 것을
재미있게,
─── 어려운 것을
쉽게 이야기한다

여섯 번째.

6

"간략하고 단순하게." 모카골드 익스피어런스 캠페인을 기획할 때 주의했던 점이다. 누군가를 설득하려 할 때 가장 효과가 없는 방법은 길고 장황한 말이다. 말이 길어질수록 전하고 싶은 메시지는 사라지고, 상대방에게 "그래서 하고 싶은 말이 뭐야?"라는 반응을 불러일으킨다. 가까운 사이라면 인내심을 갖고 들어주겠지만, 소비자는 친구가 아니다. 말 한마디, 어떤 작은 느낌 하나만으로도 경험하고 싶지 않다고 판단하면 미련 없이 돌아선다. 정보과잉시대에 이것저것 군더더기가 많은 콘텐츠는 생각만해도 피곤하다. 캠페인 공간을 채우는 모든 콘텐츠는 간략하고 단순하게. 절제를 통해 쉽고 재미있게!

"준비를 하다 보면 하고 싶은 말이 많아져요. 체험을 하는 공간을 만들면 자연스럽게 자꾸 무언가가 늘어나는 과정이 있을 수밖에 없고요. 그 부분을 간략하게 만들어야 해요. 고객이 이거 하나만 얻어갔으면 좋겠다는 걸 정해서 구심점을 만드는 거죠. 이곳에 오는 사람들은 모두 자기 시간을 써서 오는 거잖아요. 그러니까 익스피어런스 캠페인 자체가 가치 있는 경험이 돼야 해요. 사람들은 가치가 없는 것에는 돈은 물론이고 자기 시간과 에너지를 절대 쓰지 않거든요. 심지어 공짜라고 해도요."

모카골드 익스피어런스 캠페인을 기획한 담당자의 말이다. 그는 콘텐츠를 비롯한 서비스, 운영에 이르기까지 간략하고 단순하게 만드는 것이 중요함을 재차 강조했다. 이를 보여주듯 모카골드 익스피어런스 캠페인에 있는 모든 콘텐츠는 쉽고 단순하다. 복잡하고 어려운 것이 없다. 이름 역시 그렇다. 모카다방, 모카책방, 모카사진관, 모카우체국. 이렇게 모든 시리즈 앞에 모카골드를 나타내는 '모카'를 붙이고, 공간을 단번에 알아차릴 수 있도록 직관적인 이름을 지었다. 모카다방은 사람들과 대화를 하며 커피를 마시는 공간, 모카책방은 모카골드 한 잔을 곁에 두고 책을 읽는 공간, 모카사진관은 사진을 찍으며 추억을 만들고 모카골드 한 잔과 함께 그 사진을 보며 이야기를 나누는 공간, 모카우체국은 모카골드를 마시며 생각나는 사람에게 편지를 보내는 공간이다. 그리고 그 안에 담긴 다양한 콘텐츠 역시 복잡하거나 어렵지 않게, 남녀노소 누구나 이용할 수 있는 쉽고 간편한 것들로 채웠다.

캠페인 공간의 인테리어 역시 심플함에서 출발했다. 모카골드를 상징하는 노란색을 기조색으로 설정하고, 나머지는 그와 어울리는 색으로 채웠다. 모카다방, 모카책방, 모카사진관, 모카우체국의 정확한 명칭이 생각나지 않더라도 노란색 건물을 보면 모카골드 익스피어런스 캠페인을 떠올릴 수 있도록. 여기에 모카골드 커피믹스가 함께 연상되는 것은 덤이다.

익스피어런스 캠페인은 한정된 공간에서 진행하지만 신경 써야 하는 부분은 공간뿐이 아니었다. 모카골드 익스피어런스 캠페인의 인기가 높아질수록 방문객 수가 늘었고, 그에 따른 대기 인원이 발생하기도 했다. 캠페인 장소를 이용하는 시간이 정해져 있는 건 아니었지만, 최대 수용 인원을 넘기면 방문객들이 불편을 겪을 거라는 판단으로 내린 조치였다.

> "대기하는 분들이 기다리면서 지치지 않게 하려면
> 어떻게 해야 할까?"
> "사진을 찍으면서 기다릴 수 있게 외부에 포토 스팟을 만드는 건
> 어떨까?"
> "아예 벽화를 그릴까?"

멀리서 찾아온 방문객들이 기다림에 지치지 않게, 기다리는 순간에도 지루하지 않게, 즐겁게 기다릴 수 있도록 모카골드는 캠페인이 진행되는 장소의 바깥 공간에도 즐길 거리를 만들었다. 인생샷을 찍을 수 있는 사진 명소가 되어 TV 드라마에도 등장한 성수동 모카책방 벽화가 대표적인 예다. 카페지기들은 기다리는 사람들에게 커피를 배달하기도 하고, 혼자 기다리는 사람에게는 친근히 다가가 말을 붙이기도 했다. 모카골드 익스피어런스 캠페인 장소를 찾아온 이들이 따분하고 지루한 기다림이 아닌 모든 순간을 즐겁게 기억할 수 있도록.

역지사지
감수성과
공감능력으로
────── 고객의
속 깊은
친구가 된다

일곱 번째.

7

'진심은 통한다'라는 말은 마케팅 활동에서도 유효하다. 아무리 매력적인 상품이 있어도, 아무리 화려하고 멋지게 공간을 꾸며 놓아도, 그 안에 대단한 즐길 거리가 있어도 '팔기 위한' 수단처럼 느껴지는 순간 소비자에게 그 경험은 가치가 떨어질 수밖에 없다. 모카골드가 브랜드 익스피어런스 캠페인을 시작하면서 가장 경계했던 것이 바로 이것이다. 과장과 거짓 없이 있는 그대로 담담하게 다가간다. 자연스러운 접촉으로 고객에게 모카골드의 진심이 전해지길 바랐다. 그간 모카골드의 매스마케팅이 '어떻게 하면 더 많은 사람에게 이 콘텐츠를 효율적으로 전파할까'를 고민했다면, 이번에 경험마케팅은 '어떻게 하면 모카골드 익스피어런스 캠페인 장소에 방문한 사람들이 기분 좋게 즐기다 갈 수 있을까'를 고민했다. 공간과 콘텐츠가 모두 갖추어진 상황에서 모카골드가 생각했던 건 '진정성'이었다. 사람들이 진심으로 이 공간을 즐기게 하고 싶다면, 맞이하는 이들이 먼저 진심으로 방문객을 대해야 한다는 것이 모카골드 익스피어런스 캠페인의 운영철칙이었다.

사람들이 비싸고 화려한 선물보다 작지만 마음을 담은 선물과 편지 한 장에 눈물을 흘리는 건, 그것을 준비하는 시간 동안 상대를 생각하며 선물을 고르고 편지를 쓰는 사람의 진심이 느껴지기 때문이다. 모카골드 익스피어런스 캠페인을 운영한 카페지기를 비롯한 담당자들은 운영 기간 내내 그와 같은 마음으로 방문객을 맞이하고, 안내하고, 함께 시간을 보냈다. 카페지기들의 모든 움직임은 방문객의 입장을 생각하는 데서 출발했다. 카페지기들은 캠페인 현장에 사람들이 많고 복잡하다고 해서, 혹은 바쁘다고 해서 부산스럽게 움직이지 않았다. 뛰어다니고 정신없어 보이는 그들의 모습이 방문객들에게 빨리 나가라는 신호처럼 느껴질 수도 있기 때문이다. 공간을 둘러보는 이들에게 콘텐츠를 체험해 보라고 강요하지도 않았다.

말보다는 행동으로, 강요가 아닌 배려의 모습으로 방문객들의 곁에 함께했다. 비가 오는 날 우산꽂이를 설치하거나 바닥을 깨끗하게 청소하는 것을 넘어 우산이 없는 이들을 위해 우산을 만들어놓고 무료로 빌려주었고, 무더운 여름날 뜨거운 햇볕 아래 입장을 기다리는 이들을 위해 부채를 만들어 나누었고, 기다리기에 지루하지 않도록 대기 줄이 늘어서는 야외 벽면에 벽화를 그려서 포토 스팟을 만들었다. 또한 매일 커다란 쓰레기봉투를 들고 다니며 캠페인 현장뿐만 아니라 주변

거리를 둘러보며 쓰레기를 주웠다. 체험 장소까지 오는 길, 그리고 기다리는 시간도 기분 좋게 보내기를 바라는 마음이었다. 카페지기들은 방문객을 고객이 아닌 우리 집에 놀러 온 손님으로 생각하고 대했다. 모카골드에 관련한 이야기가 아니어도 즐겁게 대화를 나눴고, 방문객과 소통하며 소중한 추억을 만들었다.

이렇게 진심을 담은 행동들이 쌓여 방문객들은 온전히 콘텐츠를 즐기는 데에 집중할 수 있었고, 모카골드 익스피어런스 캠페인 장소에 방문한 경험을 즐거운 기억으로 가져갈 수 있었다. 이러한 경험은 추억이 되어 모카골드와 관련된 광고나 제품만 봐도 그때의 즐거웠던 기억을 떠올리게 한다. 즐거운 경험을 통해 브랜드를 반갑게 받아들이고, 친근하게 느끼면서 자연스럽게 나의 브랜드로 가는 길이 열리는 것이다. 이 과정에서 가장 큰 힘을 발휘하는 것이 바로 '진정성'이다.

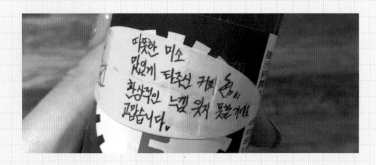

고객이
주인공이 되는
무대를
—— 섬세하게
설계하고
정성으로 돌본다

여덟 번째.

8

모카골드 익스피어런스 캠페인은 제품 홍보나 매출 증진이 아닌 캠페인 장소에 방문한 사람들이 모카골드의 가치를 온전히 느끼는 것에 방점이 찍혀 있었다. 이를 위해서는 방문객이 천천히 둘러보고, 준비된 콘텐츠를 충분히 즐길 수 있어야 했다. 그리고 이 모든 경험은 자발적으로 이루어질 수 있도록 설계했다. 타의에 의한 경험은 좋지 않게 기억되거나 금방 잊히기 쉽다. 하지만 자발적인 경험은 기분 좋은 설렘과 함께 오래 기억된다. 모카골드 익스피어런스 캠페인은 철저하게 방문객 스스로 공간을 향유하게 만들었다. 방문객들이 묻지도 않은 모카골드의 30년 역사를 설명한다거나, 다음에는 어느 공간을 봐야 한다고 안내한다거나, 마련한 콘텐츠를 어떻게 이용해야 한다고 알려주는 등 조금이라도 지시로 느낄 만한 언행은 하지 않았다. 물론 사용 방법이나 장소에 대한 설명을 요청할 경우에는 방문객이 충분히 만족할 때까지 친절히 응했다. 이곳에 온 사람들은 즐기는 순서도, 방식도 원하는 대로 움직이며 캠페인 장소를 나만의 경험으로 가꾸어 나갔다.

모카골드는 공간을 마련하고, 그 공간에 즐길 거리를 가득 채우고, 모카골드 한 잔과 함께 방문객을 기다릴 뿐이었다.

마케팅에서 자발적인 참여는 무척 중요하다. 특히 일방적으로 제품의 장점을 홍보하고 쏟아내는 광고가 아닌 소비자의 참여가 필요한 경험 마케팅에서는 더더욱 그렇다. 궁금해서 혹은 체험해 보고 싶어서 경험 마케팅에 참여한 이들은 자신의 경험과 브랜드를 자연스럽게 하나로 묶어서 인식하게 된다. 억지로 끌려가서 맛보거나 사진을 찍은 불쾌한 기억이 아닌 설렘을 간직한 기분 좋은 기억으로. 이러한 기억은 다른 이들과 나누고 싶은 콘텐츠가 되어 SNS나 입소문을 통해 퍼져나가고, 또 다른 이의 경험으로 이어진다.

모카골드 익스피어런스 캠페인은 방문객이 자발적으로 참여할 수 있도록 공간을 꾸미고 장치를 마련했다. 운영 역시 그러했다. 방문객이 낯선 공간에서 움츠러들지 않게 적당한 거리와 시선을 유지했고, 방치가 아닌 기다림의 자세로 항시 도움을 준비했다. 그렇다고 고객이 요청할 때까지 기다리기만 한 것은 아니다. 도움이 필요한 분들은 없는지, 불편함을 겪는 사람은 없는지 방문객을 살폈다. 아이 기저귀 갈 곳이 마땅치 않아서 불편을 겪는 방문객들을 위해 한옥마을 화장실에도 없던 기저귀 교환대를 화장실에 설치하기도 했고, 무더운 날씨에 휴식을 취할 공간이 없어서 모카우체국에 자주 방문하셨던 한옥마을 청소 노동자 아주머니들을 위해 언제든 편하게 오셔서 모카골드를 즐기실 수 있게 안내하기도 했다. 모카골드 익스피어런스 캠페인에 방문한 모든 이가 이 공간을, 이곳에서의 경험을 즐겁게 기억할 수 있도록. 이때를 떠올리면 기분 좋은 추억과 함께 모카골드가 생각나도록.

어디에서도
자연스럽게,
——— 모든
공간과 활동에
커피와 함께하다

아홉 번째.

9

처음부터 시리즈로 기획된 모카골드 익스피어런스 캠페인은 제주도에 성공적으로 문을 연 모카다방이 지역을 옮겨가며 '모카다방_서울', '모카다방_부산' 등의 형식으로 진행될 수도 있었다. 광고와 다녀간 사람들의 후기 등으로 이미 알려진 모카다방이라는 콘셉트로 다가가는 방법은 기획과 제작 시간을 줄일 수 있을 뿐만 아니라 새로운 지역에 손쉽게 자리 잡을 수 있는 방법이기도 했다. 하지만 모카골드는 고정된 이미지와 콘셉트보다는 변화하는 플랫폼을 원했다. '다음에는 어떤 콘셉트의 캠페인이 나올까?' 사람들이 기대하는 캠페인이 되길 바랐다. 그렇게 탄생한 것이 모카책방과 모카사진관, 그리고 모카우체국이다.

변화를 시도하면서 가장 경계했던 점은 '모카골드'라는 본질을 잊지 않는 것이었다. 이를 위해 담당자들은 사전에도 없는 말인 커피니스 (coffeeness)라는 단어를 공유하며 모든 콘셉트에 커피와의 연계성을 담았다. 익스피어런스 캠페인의 장소를 선정하는 기준은 너무 사람들이 붐비지 않는 곳이면서 그 안에서 사람들이 커피 한잔의 여유를 즐길 수 있는 공간이어야 했고, 인테리어를 구상할 때는 콘셉트에 충실하면서도 모카골드의 맛과 향이 존재해야 했다.

책방, 사진관, 우체국이라는 공간의 정체성이 있었지만 모카골드 익스피어런스 캠페인의 모든 콘텐츠는 '모카골드 한 잔을 마시면서' 시작했고, 모카골드와 사람들 간의 연결고리를 만드는 역할을 하기 위해 설계되었다. 방문객이 문을 열고 들어가면 가장 먼저 보이는 것은 모카골드 한 잔을 받을 수 있는 커피 바였고, 모든 즐길 거리는 커피와 어울릴 만한 것들로 구성되었다. 사진처럼 커피와 직접적인 관련이 없어 보이는 콘텐츠에는 사진을 찍으면서 혹은 촬영한 사진을 놓고 이야기 나누며 커피를 마실 수 있도록 공간을 마련했다. 덕분에 캠페인이 진행된 장소는 문을 닫는 순간까지 모카골드 특유의 커피 향으로 가득 채워졌다.

모카골드 익스피어런스 캠페인에서 진행하는 프로그램이나 방문객에게 전달하는 선물 역시 커피와의 연계성을 생각하며 만들었다. 캠페인 현장에서 가장 인기가 높았던 모카골드 머그잔은 일반적인 크기가 아닌, 커피믹스를 마시기에 적당한 작은 사이즈로 제작하고 모카골드의 시그니처 컬러인 노란색을 입혀, 캠페인 장소를 벗어나 집이나 사무실 등에서 커피를 마시며 모카골드를 떠올릴 수 있는 장치로 활용했다. 모카우체국 때는 사람들이 편지를 보내주는 방식을 활용해 편지봉투 안에 모카골드 커피믹스 3종을 동봉해 배송함으로써 커피를 마시면서 편지를 읽을 수 있도록 편지와 커피를 자연스럽게 연결했다.

경험마케팅을 실행할 때는 시작 단계로 돌아가 왜 하려고 했는지, 보여주고 싶은 것이 무엇인지에 초점을 맞춰야 한다. 모카골드 익스피어런스 캠페인은 모카골드를 경험하는 기회를 제공함으로써 사람들과 브랜드 간의 거리를 좁히기 위해 시작한 프로젝트다. 그렇기 때문에 공간을 꾸미고 콘텐츠를 만들 때 모카골드를 경험하는 것을 우선 과제로 삼았다. 적어도 모카골드 익스피어런스 캠페인 장소를 찾아온 사람들이 한 잔 이상의 모카골드를 경험할 수 있도록. 모카골드의 진가를 직접 느낄 수 있도록. 그 결과 모카골드를 경험하지 못한 젊은 세대에게 모카골드의 맛과 향을 전할 수 있었고, 이는 SNS를 타고 퍼져나가 모카골드가 나이 든 사람들이 마시는 커피라는 고정관념을 부수는 데 작은 힘이 되었다.

독특한
콘셉트가 아닌
—— 기본에
충실한 아이디어를
택하다

열 번째.

10

번뜩이는 아이디어는 경험마케팅을 시작하는 동력이 되기도 하지만, 때로는 배를 산으로 가게 만드는 사공이 될 수도 있다. 경험마케팅을 성공적으로 이끄는 것은 참신한 아이디어를 생각해내는 것이 아니라 아이디어를 효과적으로 실현시키는 방식이기 때문이다.

모카골드 익스피어런스 캠페인을 기획하고, 시리즈를 이어나가면서 견지했던 태도 역시 아이디어에 함몰되지 않는 것이었다. 기획 단계에서 다방, 책방, 사진관, 우체국 외에 나왔던 아이디어는 셀 수 없이 많다. 테마가 확정된 이후에 그 안에 담을 콘텐츠에 대해 논의를 하는 과정에서도 다 담으려면 공간이 몇 배쯤은 커져야 할 만큼 재미있고, 참신한 아이디어가 넘쳐났다. 그중 채택되는 것과 채택되지 않는 것의 차이는 실행 가능성, 그리고 기획과의 적합성이었다. 결국 배제되는 것은 아이디어를 위한 콘셉트였다.

사람들이 좋아할 것 같아서, 트렌드라서, 재미있으니까, 남들이 해보지 않은 거니까 등의 이유만으로 내세우는 아이디어는 단순한 재미 이상의 경험을 남길 수 없다. 아이디어를 위한 콘셉트로 도배된 경험마케팅은 경험하는 순간의 재미는 남길 수 있어도, 방문객들에게 익스피어런스 캠페인의 실행 목적과 진심이 담긴 메시지를 전달할 수 없다.

그렇다면 실행 가능성이 있는 기획과 적합한 아이디어는 어떤 아이디어일까? 그 판단 기준은 어떻게 설정해야 하는 걸까? 모카골드 익스피어런스 캠페인의 기획단은 번뜩이는 아이디어일수록 냉정하게 질문을 던지고, 검열 과정을 거쳤다. 그리고 '왜 해야 하지?' 혹은 '이게 꼭 필요한 걸까?'라는 질문에 답을 할 수 없는 아이디어는 아무리 매력적이어도 과감하게 포기했다.

마케팅 기획자가 아티스트가 아니듯 참신한 아이디어 역시 작품이 아니다. 설명하지 않아도 알만한 사람들이 알아줄 거라는 기대는 오랜 시간 공들여 준비한 마케팅을 단숨에 무너뜨리기 쉽다. 그래서 모든 아이디어는 기획 단계에서 많은 대화를 거치고, 꼼꼼한 검증 과정을 거치는 것이 중요하다. 경험마케팅에서 좋은 아이디어는 사람들이 자발적으로 즐겁게 경험을 할 수 있는 것이면서, 이해하기에 어려움이

없어야 하고, 경험을 통해 브랜드를 새롭게 혹은 긍정적으로 받아들일
수 있는 것을 말한다.

> "재미있어요."
> "편해요."
> "모카골드가 이런 브랜드인 줄 몰랐어요."
> "모카골드가 이런 맛이었구나."

모카골드 익스피어런스 캠페인 장소를 다녀간 사람들의 공통적인 반
응이다. 사람들의 이러한 반응은 수많은 회의와 고민을 거쳐 좋은 아
이디어를 선별하고, 실행한 결과다. 그 과정은 지난하지만 실행되었을
때 얻는 만족감은 다른 마케팅과 비교할 수 없다. 그 결과를 현장에서
바로 체감할 수 있기 때문이다. 경험마케팅의 장점이자 매력이라 할
수 있다.

이렇듯 경험마케팅은 아이디어가 실행되는 현장에서 사람들의 생생한
반응을 확인할 수 있다. 또한 제품에 대한 소비자들의 생각과 니즈를
확인할 기회가 되기도 한다. 마케터들에게는 고객의 구매 심리를 배울
기회가 되기도 한다. 나와 상관없던 제품과 기업이 특별한 경험을 통해

내가 사용하는 제품, 내가 좋아하는 기업이 된다. 모카골드가 매년 모카골드 익스피어런스 캠페인을 운영하는 목적의 하나이기도 하다. 이렇듯 고객과의 소통으로 다양한 의미와 효과를 기대할 수 있기에 경험마케팅을 향한 기업들의 도전은 계속될 것이다.

3

오래되었지만 좋은 것들을 찾아서

제주도
서귀포시
남원읍
태흥리

모카다방

01
왜 다방인가?

2015년 겨울, 제주도 서귀포의 한 바닷가에 노란 카페가 문을 열었다. 푸른 하늘과 바다 사이에 그림처럼 자리한 카페의 이름은 '모카다방'. 모카골드가 처음으로 시도하여 책방, 사진관, 우체국으로 이어진 브랜드 익스피어런스 캠페인의 시작점이었다. 모카골드 익스피어런스 캠페인의 첫 번째 테마인 '다방'은 국내에서 처음으로 대중이 커피를 즐기기 시작한 장소이자 인스턴트커피를 사람들에게 전파한 장소로, 1930년대에는 문인, 화가, 기자, 영화인들이 눌러앉아 밤새도록 생각을 나누는 토론의 장이 되기도 했다. 이후 8.15광복과 한국전쟁을 겪으며 문화시설이 부족해지자 문학의 밤, 출판기념회, 동창회, 강습회 등 다양한 문화활동이 다방에서 진행됐다. 그 시절 다방은 커피를 마시는 장소라기보다 사람을 만나는 장소, 삶을 마주하는 장소였다. 원두커피의 원산지나 제조 방법, 주문 방법을 익힐 필요 없이 "커피 한 잔이요." 하고 앉아 이야기를 나누면 되는 곳. 1970년대에는 DJ의 방송을 들으며 커피를 즐길 수 있는 음악다방이 곳곳에 생겨나 인기를 끌기도 했다.

다방은 그때를 기억하는 중년 세대에게는 향수를, 다방을 모르는 청년 세대에게는 호기심을 불러일으키는 공간으로, 'Oldies but Goodies(오래되었지만 좋은 것)'라는 모토 아래 사라져가는 옛것에서 행복한 추억과 새로움을 동시에 찾아내 전파하고자 했던 모카골드 익스피어런스 캠페인의 취지에 가장 부합하는 장소였다. 다방은 모카골드가 익숙한 중년 세대는 물론이고 모카골드를 경험하지 못한 청년 세대에게까지 어필할 수 있는 콘셉트였다. 다방마다 황금비율은 달랐지만 다방 커피의 향은 모카골드가 내는 향과 크게 다르지 않았다. 당시를 향유했던 세대들에게 그 향을 간직한 카페가 나타난다는 것은 추억을 회상할 수 있는 반가운 기회가 된다. 반대로 그 맛과 향을 접할 기회가 없던 젊은 세대에게는 낯설고 이색적인 풍경이 '빈티지', '뉴트로' 등의 트렌드로 받아들여져 새로운 경험을 할 수 있는 놀이터가 된다. 이들에게 다방은 궁금하고 참신한 공간이다. 심지어 그 안에서 마시는 커피조차 아메리카노나 카페라테 등 커피 전문점의 익숙한 메뉴가 아니다. 이전에는 경험하지 못한 새로운 맛. 모카골드 익스피어런스 캠페인의 첫 번째 주제가 카페가 아닌 다방이 된 것은 필연적으로 보인다. 캠페인이 진행된 몇 달 동안 모카다방에는 오래된 것과 새로운 것, 향수와 설렘, 중년과 청년 모두가 함께했다.

02

제주, 바다와 바람이 있는 곳

모카다방이 자리한 제주도 남원면 태흥리의 바닷가 앞은 푸른 하늘과 바다, 그리고 그 사이를 채우는 돌담과 몇 채의 집이 전부였다. 여행 중 지나치는 사람은 있어도 찾아가는 사람이 없어 고요한 장소였다. 장소 확정 후 주변에서 의외의 선택이라는 반응이 있었지만, 기획할 때부터 모카다방은 그런 장소를 생각했다. 익스피어런스 캠페인 장소를 방문한 사람들이 모카골드 한 잔을 사이에 두고 여유로운 시간을 즐기는 것이 모카다방의 목적이었기 때문이다. 모카골드 익스피어런스 캠페인 장소 후보지를 선정할 때 일단 강남역이나 홍대와 같은 유동인구가 많은 곳은 피했다. 번화한 곳보다는 조용하고 한적한 곳, 스마트폰만 쳐다보는 빌딩 숲보다는 사람과 사람의 관계를 드러낼 수 있는 곳이었으면 했다. 몇몇 후보지가 떠올랐다. 제주도도 그중 하나였다. 내륙이 아닌 섬, 그중에서도 사람들의 발길이 뜸한 태흥리 해안로의 한구석.

"복잡하지 않아서 좋지만 지나치게 한적한 것은 아닐까?"
"아무도 찾아오지 않으면 어쩌지?"
"우선 가보자!"

장소 선정에 있어서 답사는 필수다. 사진이나 영상 자료만으로 수많은 사람이 체험하고 브랜드 가치를 전달할 공간을 선택할 수는 없다. 모카골드는 몇 차례에 걸쳐 후보지 답사를 다녀왔다. 그리고 바다와 하늘의 중간에 자리한 제주 바닷가 도로로 모카골드 익스피어런스 캠페인의 시작점을 정했다.

해안도로에 위치한 모카다방은 차를 가지고 가야만 갈 수 있는 곳이었다. 간혹 자전거를 타고 오는 사람들도 있었지만, 도보로 접근하기에는 힘든 위치였다. 하지만 모카골드의 가치를 온전히 전하고자 하는 캠페인 취지와는 딱 맞는 장소였다. 해안도로 특성상 눈 앞에 펼쳐진 드넓은 바다를 바라보며 커피를 마실 수 있었고, 접근성이 현저히 떨어진 장소였기에 도심의 소음을 벗어나 한적한 분위기에서 여유 있는 시간을 보낼 수 있었다.

모카다방은 방문객들에게 쉼터가 되었다. 사람들로 붐비는 도심에서 벗어나 제주도에 온 사람들은 태흥리 해안로에서 발견한 모카다방에서 잃어버렸던 여유를 찾았다. 이곳에 온 사람들이 아름다운 풍경을 눈에 담고 커피와 사람, 그리고 그 시간을 즐기는 것. 일상에 지친 그들의 마음에 따뜻한 온기를 전하는 것, 모카골드가 모카다방을 운영하는

이유이자 바람이었다. 그런 모카골드의 진심을 전하기에 하늘, 바람,
바다를 이웃한 모카다방은 여유로운 마음으로 좋은 만남과 시간을 보
내고 싶은 최적의 장소였다.

03

커피, 쉼, 대화, 사람이 있는 공간

모카다방에서 모카우체국까지 이어진 모카골드 익스피어런스 캠페인은 전부 기존 건물을 활용하여 진행했다. 새로 지은 건물이 아니다 보니 기존 구조와 인테리어에 제약이 많았는데, 건물주와의 조율도 그중 하나였다. 벽면에 페인트칠을 새로 하는 경우에는 이전에 사용한 페인트 정보를 받아서 익스피어런스 캠페인이 끝난 후 원래 벽면 색상으로 복구할 계획까지 세워서 작업에 들어갔다.

원래 모카다방은 아늑하고 깔끔한 분위기의 카페였다. 공간이 주는 느낌은 좋았지만 많은 사람이 즐기기엔 너무 비좁았다. 그렇다고 내부에 테이블을 빼곡히 놓을 수도 없었다. 옆 사람과 어깨를 부딪치면서 끼어 앉아 여유를 즐길 수는 없는 노릇이었다. 궁리 끝에 바깥 공간을 활용하기로 했다. 다방 앞뒤 공간에 테이블을 설치하고 캠페인을 진행하는 영역을 해변을 포함하여 시원하게 펼쳐진 주변 공간까지 확장해 야외 모카다방 등 사람들이 앉아서 쉴 공간을 만들었다.

테이블이나 의자는 최대한 재활용하거나 실제 공간에 있었던 것을

사용했다. 전부 새로운 물건으로 공간을 채우는 것은 캠페인 취지와 맞지 않았다. 가장 중요한 건 자연스러움, 모든 인테리어는 억지스럽지 않아야 했다. 모카골드의 기조색[1]인 노란색을 사용할 때도 거슬리지 않고 자연스럽게 어우러지게 했다. 사람과 사람의 관계에서 느껴지는 따뜻함. 대단한 커피보다 가치 있는 모카골드의 익숙함과 새로움을 모카골드를 상징하는 노란색에 담아 표현했다.

사람들이 들어왔을 때 거부감이 들지 않을 정도로만 노란색을 사용하는 게 포인트였다. 의자, 책장, 벽면 등 공간을 채우는 구성 요소들을 전부 노란색으로 칠하는 것 대신 모카다방을 알리는 노란색 입간판, 노란색 머그잔 등 모카골드를 상징하는 색상을 포인트 요소로만 활용하여 자연스럽게 접근했다.

내부 벽면에는 '진하게, 보통, 연하게' 세 가지 메뉴를 심플하게 담아낸 나무 메뉴판을 걸고, 외부에는 등대처럼 멀리서도 모카다방의 존재를 알려줄 사인을 만들었다. 제주도의 거센 바닷바람에 맞설 단단한 철제와 염분에도 색상이 변하지 않는 지표. 일찍 어둠이 찾아드는 제주도의 특성과 어우러져 아련한 분위기가 풍기는 건 덤이다. 배우 김우빈이

[1] 어떤 것에 일관되게 기본적으로 적용하는 색.

CF에서 탔던 스쿠터 역시 사람들이 즐겨 찾은 포토 스팟이자 모카다방의 포인트 소품으로 활용되었다.

외부는 모카다방을 상징하는 입간판과 노란 스쿠터, CF 속 황정민과 김우빈이 앉아서 모카골드를 마신 노란색 철제의자와 꽃으로, 내부는 몇 개의 테이블과 미니 화분과 엽서, 사진 등으로 꾸몄다. 성인 스무 명이 들어가기에도 빠듯할 정도로 작은 공간이었지만 덕분에 방문객들은 가족, 친구, 연인과 평소보다 가까이 붙어 앉아 오붓하게 대화를 나누었다.

혼자 온 사람들도 사람 냄새 가득한 모카다방의 분위기를 만끽했다. 바 자리에 앉아 마치 단골가게에 온 듯 카페지기와 이런저런 이야기를 나누는가 하면 다른 방문객과 인사를 하기도 했다. 맞은편 해안가 테이블과 뒷마당 자리에 앉은 사람들은 커피 한 잔을 옆에 두고 바람 소리, 파도 소리만 들으며 온전히 휴식을 취하기도 했다.

두세 달 이어진 모카다방은 길어야 일주일 열고 철수하는 여느 팝업스토어와는 달랐다. 사람들에게 여유를 선물하기에 일주일은 너무 짧았다. 잠깐 스쳐 지나는 공간이 아닌 사람들이 기억하는 공간이 되려면

좀 더 시간이 필요했다. 다방에 다녀간 가족, 연인, 친구들은 모카골드
를 마시며 이야기를 나누고, 한층 더 서로에게 깊숙이 다가가 밀도 깊
은 관계를 형성했다. 소곤소곤 쏟아놓은 이야기가 가득한 모카다방에
서는 이야기를 하는 사람과 듣는 사람 모두가 주인공이었다.

올 가을,
맥심 모카다방 으로
당신을 초대합니다.

04

쉽고, 간단하게, 그리고 친절하게

모카다방은 브랜드 익스피어런스 캠페인을 통해 사람들에게 모카골드의 가치와 메시지를 전하려는 모카골드의 첫 시도로, 그 방식은 사람들이 쉽고 편하게 받아들일 수 있는 것이어야 했다. 처음 문을 열고 들어갔을 때 불편한 마음에 다시 돌아나가거나, 공간과 운영에 대한 궁금증을 해소하지 못하고 제공되는 모카골드 커피믹스와 모카다방의 콘텐츠를 즐기지 못하는 상황이 발생하지 않도록, 모카골드는 운영 프로그램을 섬세하게 설계했다.

쉽고 간단하게, 그리고 친절하게. 사람들이 캠페인 내용을 편안하게 받아들일 수 있도록 모카다방이 오픈 때부터 끝날 때까지 유지했던 운영방식과 태도다. 우선 커피를 주문할 때 누구나 쉽고 간단하게 고를 수 있는 메뉴판을 준비했다. 원두부터 추출방식, 그리고 사이즈까지 고민할 것이 많은 다른 카페와 달리 모카다방의 메뉴는 '모카골드'가 유일했다. 다만 재미를 더하고 조금 더 세심하게 고객의 입맛을 맞추기 위해 '진하게, 보통, 연하게'라는 세 가지 메뉴를 만들었다. 이 중에서 하나를 고르면 주문 완료. 이제 커피가 나오기까지 기다리기만 하면 된다.

진하게 보통 연하게

나무판자로 만든 메뉴판에는 모카골드의 커피스틱이 연상되는 두텁고 직관적인 폰트와 노란색을 사용하여 모카다방의 따뜻한 이미지를 담았다. 카페지기들은 방문한 사람들이 단골 카페에 온 듯 모카다방을 즐길 수 있도록 자연스러운 대화를 시도하며 편안한 분위기를 이끌었다. 친절은 기본, 소통은 덤이다. 어떤 질문이든 친절하게 대답하고 모카골드와 관련 없는 이야기도 주고받았다. 방문객이 카페지기를 모카다방에서 일하는 직원이 아니라 새로운 공간에서 만난 인연으로 느낄 수 있도록. 방문객이 많은 날에도 마찬가지. 절대로 사람들을 기계적으로 응대하지 않았다.

"바쁠수록 여유를 갖자."
"방문객 수를 늘리기보다는 방문자의 만족도를 높이자."

카페지기들이 서로를 독려하며 나눈 말들이다. 카페지기들의 운영 태도는 방문객들의 만족도를 높이는 데 크게 기여했다. 이러한 운영 방식은 모카다방이 규모가 작고 체험하는 장치가 적었기에 가능한 일이었을 수도 있다. 하지만 제품 홍보보다 진심을 전하려는 모카골드 익스피어런스 캠페인에서 반드시 유지되어야 할 방식이었다.

간단한 주문 방식과 친절한 카페지기의 응대는 방문객들이 처음 보는 익스피어런스 캠페인 현장에서도 거부감 없이 공간에서의 시간을 즐길 수 있도록 만들었다. "여기 뭐 하는 곳이에요?"라는 질문으로 모카 다방의 문을 연 사람들은 하나같이 편안한 마음으로 기분 좋은 웃음과 이야기를 쏟아내고, 여유로운 시간을 즐기고 떠났다.

05
소소하지만 따뜻한 만남

원래 모카다방은 모카골드 광고 촬영 세트의 연장선으로 계획된 공간이었다. 모카골드의 모델인 배우 황정민과 김우빈의 촬영을 위해 3일간 운영 후 며칠만 짧게 운영하려 했던 모카다방은 현장에 방문했던 사람들의 높은 호응으로 두 달간 연장 운영이 결정되었다.

CF 촬영 기간에 배우 황정민과 김우빈은 각각 모카다방의 일일 사장님이 되어 손님들에게 모카골드 커피를 만들어주며 이런저런 이야기를 나누었다. 광고 촬영이 끝난 후에도 모카다방은 작지만 따뜻한 프로그램을 이어나갔다.

일일 사장님이었던 두 배우가 떠난 후에도 카페지기들은 모카다방을 찾는 모든 사람과 눈을 맞추며 그들의 이야기를 듣고, 소소한 대화를 나눴다. 제주도로 여행을 온 사람들, 그리고 제주도에 사는 사람들과 모카골드 한 잔을 놓고 잔잔하게 대화를 나누며 한 사람 한 사람에게 그들만의 에피소드를 만들어주었다.

제주도라는 지역의 특성을 살린 이벤트도 있었다. 제주도를 여행하는 사람들 중 일일 아르바이트생을 선발해 모카다방 주변의 동네분들에게 모카골드를 제공하는 행사였다. 여행하는 중간에 여행 경비를 벌면서 색다른 추억을 만들 수 있어 지원자가 꽤 많았다.

가장 인기가 높았던 이벤트는 '애벌레 콘서트'와 '10초 초상화'였다. 캐리커처 작가가 모카다방의 방문객 중 원하는 이들에게 펜 드로잉 형태로 초상화를 그려주는 '10초 초상화'는 잠깐이나마 커피를 마시면서 모델이 되어보는 재미와 오래 간직할 수 있는 선물을 받는다는 기쁨이 더해져 폭발적인 반응을 이끌어냈다. '애벌레 콘서트'는 이름처럼 애벌레 모양의 노란 침낭 속에 누워 즐기는 콘서트로, 야외에서 진행했다. 모카다방의 뒷마당에 설치한 침낭에 들어가 누워 하늘을 보면 까만 하늘에 쏟아질 듯 빼곡히 박힌 별들이 보인다. 불어오는 바닷바람에 노출된 코가 시리지만 침낭 속은 따뜻하다. 보는 것만으로도 황홀한 이 상황에 잔잔한 음악이 흘러들고, 옥상달빛의 공연이 시작된다.

"정말 오랜만에 야외에 누워서 하늘을 봤어요."
"어렸을 적 시골에서 본 하늘이 생각났어요."
"꿈을 꾸는 것 같았어요."

눈을 뜨면 별빛 가득한 하늘이 보이고, 눈을 감으면 옥상달빛의 감미로운 음성이 더욱 생생히 귓가로 파고든다. 미소가 얼굴 가득 퍼지는 기분 좋은 경험. 애벌레 콘서트는 방문객들에게 여유와 힐링을 선사하고자 했던 모카다방의 마음이 담긴 행사였다.

모카다방은 크고 화려한 이벤트보다는 작고 소소한 이벤트를 진행했다. 하지만 그랬기에 한 사람 한 사람의 반응을 생생하게 얻을 수 있었다. 각자의 일상을 채워주는 모카골드 한 잔처럼 모카다방이 진행한 이벤트들은 사람들이 커피를 마시는 시간 속에 자연스럽게 스며들어 미소 지을 수 있는 기분 좋은 순간을 만들어주었다.

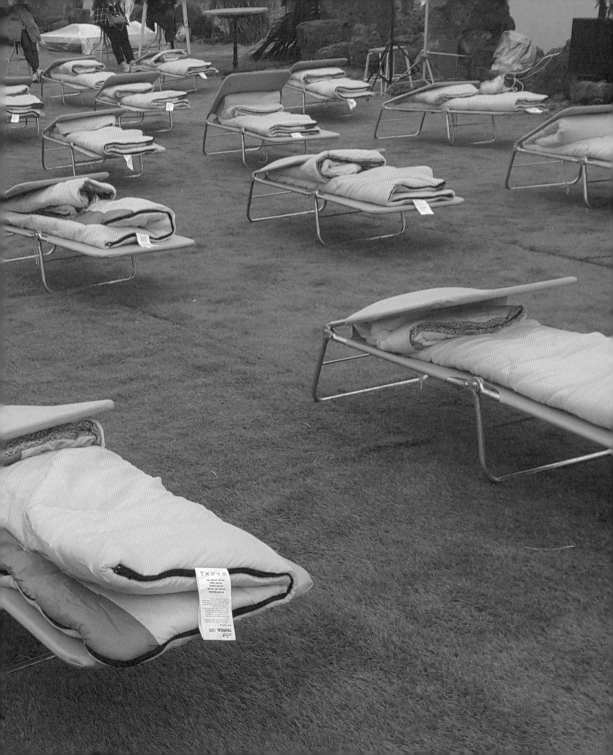

06

모카다방이 남긴 것들

모카골드 익스피어런스 캠페인은 모카골드를 경험한 적이 없어 접점이 없는 젊은 세대, 이른바 밀레니얼 세대와의 만남을 통해 그들에게 모카골드의 경험을 선사하고자 기획된 프로젝트다. 그렇지만 모카다방의 문은 성별이나 나이에 따라서 열거나 닫지 않았다. 사무실이나 집에서 매일 모카골드를 마시는 사람들 역시 모카다방이 문을 열고 환영하는 방문객이었다. 남녀노소 누구나 즐길 수 있는 모카골드처럼 누구나 모카다방에 와서 즐겁게 시간을 보내는 것이 모카골드가 바라는 점 중에 하나이기 때문이다.

실제로 모카다방을 방문한 사람들 역시 특정한 세대로 한정 짓기 어려울 정도로 다양했다. 휴가를 내고 연인과 여행을 하는 직장인, 인근 학교에 다니는 학생들, 바다에서 물질을 하는 해녀 할머니, 모카다방의 공간을 빌려준 사장님 부부, 오랜만에 시간을 내어 다 같이 여행 중인 가족 등. 모카다방에 방문한 사람들은 나이도 사는 곳도 취향도 모두 달랐지만, 파도와 바람 소리만 가득한 그림 같은 풍경 속에서 좋아하는 사람과 함께 모카골드 한 잔을 마시며 특별한 추억을 만들었다.

모카골드의 맛을 아는 사람은 물론이고 평소 아메리카노만 마시는 사람들도 모카골드를 맛보고 나면 '맛있다'라는 반응을 보였다. "이런 맛이었네요. 몰랐어요. 정말 맛있어요."라는 대답은 카페지기가 방문객들에게서 가장 많이 들었던 반응 중 하나다. 그리곤 자연스럽게 모카골드 한 잔을 놓고 각자의 여유를 즐겼다. 사람들의 이런 모습은 모카다방이 문을 연 이유이자 바랐던 모습이었다.

아름다운 풍경이 펼쳐진 예쁜 공간에서 좋아하는 사람들과 모카골드를 마신 사람들은 이후에 모카골드를 접했을 때 모카다방에서의 행복한 순간을 떠올리게 될 거다. 모카다방에서의 시간은 매일 모카골드를 마시는 사람에게도, 한 번도 모카골드를 경험하지 못한 사람에게도 특별한 '첫 경험'이었기 때문이다.

모카다방 만나러 가기

[맥심 모카다방 3Days]
잘 타는 남자,
일일주인 김우빈의 첫째 날

[맥심 모카다방 3Days]
천만배우 황정민의 모카다방 둘째 날

[맥심 모카다방 3Days]
옥상달빛과 함께한 모카다방 셋째 날

모카다방 Activity

제주도 서귀포시 남원읍 태흥리

2015년

11월 21일부터 12월 28일까지

8,137명

총 방문객 수

10초 초상화
눈 깜짝할 새에 펜 드로잉 작가가 초상화를 그려준다. 작가 앞에서 천천히 커피를 마시다 보면 잊지 못할 선물 한 장을 받을 수 있다.

야외 맥심 모카다방
모카다방 근처 커피잔 모양으로 설치한 인조잔디에 앉아 여유롭게 커피를 즐길 수 있다.

맥심 모카다방 야외 벤치
누구나 앉아 쉴 수 있는 모카다방 야외 벤치. 아름다운 제주 바다를 바라보며 모카골드 커피를 마실 수 있다.

벨롱벨롱 콘서트
처음 보는 사람들과 어우러져 컵송 공연에 도전한다. 재미있는 바이럴 영상도 남기고 모르는 사람들과의 인연도 만드는 시간. 도전이 끝나면 특별 제작한 모카다방컵을 기념품으로 얻을 수 있다.

별빛과 함께하는 애벌레 콘서트
노란색 침낭에 쑥 들어가 라이브 공연을 감상하는 이색 체험. 옥상달빛의 노래를 들으며 제주도의 밤하늘을 마음껏 감상하였다.

즉석 현장 배달 꿀알바
여행객을 대상으로 하루 2시간 지원을 받아 시행하였다. 커피를 타고 음악을 틀고, 야외 모카다방으로 커피를 배달하며 잊지 못할 추억을 만들었다.

서울시
성동구
성수동

2

모카책방

01

왜 책방인가?

사람들은 커피를 마시면서 무엇을 할까? 모카다방을 찾았던 사람들처럼 휴식을 취하거나 대화를 나누는 이들이 많다. 공부나 일을 하는 사람들도 있다. 그보다 조금 더 나만의 시간을 즐기는 형태라면? 잠시 현실에서 벗어나 책 속 세계에 빠져드는 독서가 아닐까? 커피의 각성효과가 사유의 시간을 좀 더 잘 활용할 수 있게 도우니 말이다. 책과 커피, 이보다 더 자연스러운 조합은 없다. 모카골드 익스피어런스 캠페인의 두 번째 테마는 책을 통해 나의 이야기를 발견하는 시간을 만들어주는 '책방'이 되었다. 책방이 재미있는 이유는 책 속에 무수히 많은 사람의 이야기가 담겨 있기 때문이다. 사람들은 책을 통해 몰랐던 세계를 경험하고, 안다고 생각했던 것을 다시 돌아보게 된다. 모카책방은 이런 책방의 묘미에 모카골드의 맛과 향을 경험하는 사람들의 이야기를 더했다. 모카골드를 마시면서 책장을 넘기는 경험은 그 순간 읽던 책의 내용과 더불어 또 하나의 이야기를 만들어준다.

커피와 책은 후루룩 넘기는 것보다 천천히 시간을 두고 음미하는 편이 더 좋다. 책 안에 담긴 작가의 생각을 곱씹으며 커피의 향을 즐긴다. 책방에서는 책을 읽으면서 채웠던 생각을 커피로 나눌 수도, 커피를

마시면서 떠올린 생각을 책에서 찾을 수도 있다. 눈에 보이지 않는 향기와 생각이 어우러지며 차분하면서도 편안한 분위기를 자아낸다. 바로, 모카책방이 사람들에게 전하려던 여유와 편안함이다.

'커피 한 잔이 주는 여유와 편안함'을 위해 모카골드는 아주 오래전부터 증명되었던 커피와 책의 접점을 모카책방이라는 공간에 마음껏 펼쳐냈다. 그리고 이곳을 방문한 사람들은 커피 향과 수많은 책에 둘러싸여 오롯이 자신을 위한 시간을 보냈다. 책을 읽기 위해 커피를 마시는 사람에게도, 커피를 마시면서 책을 훑어보는 사람에게도 모카책방은 충실히 그 역할을 해냈다.

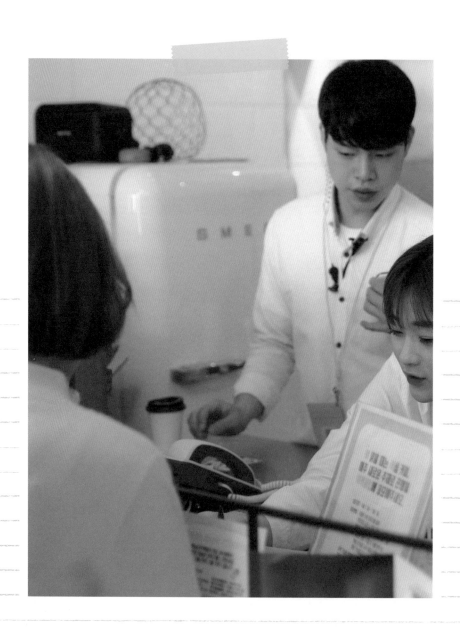

02

성수동, 새로운 트렌드를 만드는 장소

2016년, 성수동이 핫해지기 직전이었다. 오래된 공장들이 문을 닫은 자리에 작은 카페와 아티스트의 작업실이 하나둘씩 생겨나던 시기에 모카책방이 문을 열었다. 모카책방의 위치로 성수동을 결정하기까지는 꽤 오랜 고민이 있었다. 첫 번째는 책방이라는 콘셉트와 어울리는 장소에 대한 고민이었다. 우선 'Oldies but Goodies'라는 대주제와 책방을 함께 설명할 수 있는 장소를 찾았다. 인천의 헌책방 골목이나 서촌의 오래된 헌책방을 비롯해 몇 곳이 후보지로 떠올랐지만, 다양한 논의 끝에 헌책방이라는 이름으로 한정 짓지 않고 '책방'이라는 넓은 의미에서 장소를 찾기로 했다.

다음 고민은 특정한 지역을 선정하는 것이었다. 제주도의 모카다방에 이어 두 번째로 진행할 익스피어런스 캠페인 지역을 서울로 선정했다. 가장 많은 형태의 팝업스토어가 열리는 서울에서 가장 쉬운 선택은 강남역이나 홍대입구 등 많은 사람을 모을 수 있는 번화가에서 캠페인을 진행하는 것이었다. 하지만 이미 번화가로서 완성된 지역은 모카골드가 추구하는 가치를 전달하기에 적합하지 않았다. 모카

책방이 있는 지역은 사람들이 많이 모여드는 것보다는 찾아온 사람들이 그 현장에서 또 다른 이야기를 만들어낼 수 있는 곳이길 바랐다. 그러면서도 젊은 사람들이 찾아가고 싶은 지역이어야 했다. 오랜 고민과 답사 끝에 서울 성동구 성수동이 낙점되었다.

공장단지가 핫플레이스가 되는 변화의 기로에 선 성수동은 트렌드와 오래된 것의 미학 모두를 담으려는 모카책방과 어딘가 닮아 있었다. 캠페인이 확정된 장소가 지하철역에서도, 버스 정류장에서도 조금 거리가 있는 곳이라 찾아오는 길이 어렵지는 않을까 하는 우려도 있었지만, 찾아올 만한 가치를 그 안에 담는 것이 더 중요했다. 어떤 특정한 이미지로 고착된 지역이 아닌 조금은 생소하고 낯선 동네에 자리했기에 모카책방은 당시에 그곳을 찾았던 사람들이 만들어내는 새로운 이야기를 담아낼 수 있었다.

03

커피와 책의 향기로 가득한 공간

모카책방은 이름 그대로 모카골드와 책으로 가득한 공간으로 꾸며졌다. 한마디로 누구에게나 편안함을 안겨줄 수 있는 책과 커피의 향이 가득한 공간. 이를 위해 모카책방은 크게 두 가지의 섹션으로 공간을 구분했다. 문을 열자마자 모카골드의 향을 맡을 수 있는 1층과 커피와 함께 책을 읽을 수 있는 2층과 3층.

방문객들에게 첫인사를 하는 공간이자 모카골드와 모카책방을 동시에 각인시켜야 하는 1층은 모카골드를 전달하는 커피 바와 트렌디하고 세련된 책으로 공간을 구성했다. 책 자체에 관심이 없는 사람일지라도 커피를 기다리는 동안 표지를 훑어보며 한 장 정도는 넘기고 싶을 정도의 개성 있는 디자인 서적을 배치함으로써, 책방이라는 공간에 사람들이 익숙해지게 만들었다. 이곳의 메인은 시골 마을의 오래된 도서관을 모티브로 꾸며진 책장이다. 키를 훌쩍 넘긴 위치에 꽂힌 책을 꺼내려 나무 사다리를 타고 책장을 올라가는 영화 속 한 장면이 떠오른다. 천장까지 높이 올린 책장에 가득 채운 책은 그 자체로 하나의 즐길 거리이자 포토 스팟이 되었다.

한 손에는 커피를, 눈에는 호기심을 담고 올라갈 2층과 3층은 조금 더 따뜻한 느낌으로 연출했다. 모카다방에 비해 훨씬 넓어진 공간을 활용해 독서 토론을 할 수 있는 큰 테이블이나 다락방에서 혼자 숨어 책을 읽는 재미를 안겨주는 작은 서재 공간도 마련했다. 한쪽에는 프로젝터를 설치해 자신이 읽는 글이 프로젝터를 통해 보이게 하는 장치도 마련해 감동의 깊이를 더하기도 했다.

모카다방 때보다 공간도 넓었지만 방문객 수 역시 크게 늘었기에 모카책방에 들어가기 위해 번호표를 뽑고, 대기하는 현상이 벌어졌다. 최대한 많은 사람이 모카책방을 즐길 수 있도록 책방 옆 주차장 공간에 우드데크를 설치하고 파라솔을 설치해 야외에서도 커피를 마실 수 있는 공간을 만들었다. 또한 가운데 쪽으로 기울어져 두 사람이 양쪽 끝에 앉으면 가운데에서 만나게 되는 커플 의자를 제작해 야외에서 즐길 수 있는 포토 스팟을 만들기도 했다. 이렇듯 다양한 즐길 거리가 담긴 모카책방에는 책이나 커피에 익숙하지 않은 사람들도 자연스럽게 들어와 자유로이 시간을 보냈다. 덕분에 모카책방이 열려 있는 내내 공간은 커피와 책 향기로 가득했다.

04
찾아가는 과정의 모든 순간을 재미있게

모카책방은 지하철을 타도, 버스를 타도 내려서 지도를 켜고 몇 분쯤 걸어서 찾아가야 하는 위치에 자리하고 있었다. 그럼에도 많은 사람이 기어코 모카책방에 당도하게 만드는 데는 두 가지 요소의 힘이 컸다. 하나는 모카골드에서 제작하여 배포한 모카책방을 찾아가며 성수동 일대의 핫플레이스를 탐험할 수 있는 관광 지도, 또 하나는 모카책방 건물 뒷편에 그려진 노란 벽화였다.

모카책방을 중심으로 성수동 일대의 관광 지도를 만든 데는 몇 가지 이유가 있다. 골목 안쪽에 위치한 모카책방을 쉽게 찾아오게 하기 위해서라는 이유도 있지만, 모카책방을 찾아오는 방문객에게 성수동이라는 지역을 탐방하는 재미를 더해주고자 하는 의도도 있었다. 여기에 새롭게 변화하는 성수동의 기록을 남기고, 모카책방를 찾는 사람들과 함께 새로운 성수동의 이야기를 만들고자 하는 마음도 담겨 있었다. 관광 지도는 모카책방을 찾아가는 아날로그적 내비게이션이자 2016년의 성수동을 즐기는 방법을 담은 안내서였다.

관광 지도가 찾아가는 길을 담았다면, 모카책방 건물 뒤편의 노란 벽화는 관광 지도를 보고 찾아오는 방문객들에게 최종 목적지임을 알려주는 지표이자 환영의 인사였다. 원래 벽화는 사람들이 골목에 위치한 모카책방을 찾아오기 어려워할 것을 예상하고 멀리서도 모카책방이 잘 보이게 하려고 만든 지표였다. 그런데 모카책방을 찾는 사람들은 물론이고, 주변을 지나가는 사람들도 벽화를 배경으로 꼭 한 장씩 사진을 찍었고, 그 모습이 SNS를 타고 퍼져나가 벽화는 모카책방을 찾는 중요한 이유 중 하나가 되었다. 노란 벽화는 모카책방이 끝난 이후에도 드라마와 뮤직비디오의 배경으로 등장하는 등 성수동 일대의 유명한 포토 스팟이 되어 지금까지 남아 있다고 한다.

05

또 다른 이야기를 만들다

모카책방에는 커피를 마시며 책을 읽는 것 외에도 커피와 책을 즐길 수 있는 흥미로운 놀이가 몇 가지 있었다. 그 시작은 모카다방처럼 모카골드의 광고모델인 배우 황정민, 이나영, 김우빈이 일일 모카책방 주인으로 등장해 직접 커피를 만들어주고, 대화를 나누는 이벤트였다. 여기에 책방이라는 특성을 활용해 직접 좋아하는 책을 골라 방문객에게 추천해주는 행사도 더해졌다. '낭독의 테이블'에서는 다양한 작품의 낭독회를 개최하거나 작가와 대화 시간을 갖기도 했다. 매일 2~3회 방문객들은 즉석에서 시나 소설, 에세이 등의 작품을 자유롭게 선정해 낭독회를 즐겼다. 또 이혜미 시인, 배명훈 작가, 김경희 작가 등과 '책.맥클럽'이라는 이름으로 대화의 시간을 만들기도 했다.

내가 읽는 글이 프로젝터를 통해 눈 앞에 펼쳐지게 하는 장치와 나 홀로 커피와 책에 빠질 수 있는 서재는 이런 공간을 꿈꾸던 사람들의 로망을 실현해주었다. 그래서일까 모카책방에는 혼자만의 시간을 즐기기 위한 방문객들의 발길이 끊이지 않았다.

이 외에도 시, 소설, 수필, 디자인 서적, 자기계발서 등 7천여 권의 책을 가득 채워 어느 자리에 있든 커피와 책을 편하게 즐길 수 있는 분위기를 조성했다. 누구든지 어색하고 불편하지 않게 커피와 책을 즐기는 것. 모카책방의 모든 프로그램이 궁극적으로 추구하는 목표였다. 사람들은 커피 향 나는 모카책방의 다양한 콘텐츠를 즐기며 저마다의 이야기를 만들었다. 책방 곳곳에 비치되어 사람들에게 풍부한 이야기를 제공한 모카책방의 책들은 캠페인 종료 후 국립중앙도서관에 기증되었다.

06
모카책방이 남긴 것들

모카골드를 마시는 순간을 생각하면 누구나 익숙하게 떠올리는 몇 가지 장면이 있다. 아침에 출근하자마자 잠을 깨기 위해 급하게 탕비실에서 타서 자리로 가져가는 모습, 점심식사 이후 나른해진 시간에 잠깐의 휴식을 취하며 후루룩 마시는 모습, 집안일을 마치고 틈이 나는 순간에 식탁에 앉아 마시는 모습, 그리고 밤늦게까지 공부나 일을 하면서 모니터 앞에 앉아 마시는 모습 등. 모두가 공감하는 우리 일상의 한 조각이다. 여유보다는 급하게, 아주 잠깐 틈을 내어 즐기는 짧은 휴식. 이렇듯 모카골드를 즐기는 사람들의 모습은 여유롭지 못한 경우가 많다.

모카골드 익스피어런스 캠페인은 사람들에게 이런 일상의 장면에서 벗어나 좋은 공간에서 좋은 사람들과 모카골드를 즐기며 여유롭게 힐링하는 시간을 선물하기 위해 시작했다. 바쁜 일상에서 떨어진 기력을 보충하는 용도로 후루룩 마시는 커피가 아닌 책 속 이야기에 빠져들어 한 모금 한 모금 커피를 음미하는 공간인 것이다.

다양한 볼거리의 증가로 책 읽는 문화가 점차 줄어드는 상황에서 진행한 모카책방은 모험적인 시도였다.

> "사람들이 과연 책을 읽을까?"
> "그냥 커피만 마시고 가는 건 아닐까?"
> "책방의 기능을 제대로 할 수 있을까?"

하지만 그 결과는 기대 이상이었다. 카페지기들이 모카책방의 의도를 설명하지 않았음에도 사람들은 테이블 위에 책 한 권과 모카골드 한 잔을 올려두고 책을 읽으며 천천히 시간을 보냈다. 모카다방에 비해 훨씬 커진 규모에 방문객도 몇 배 이상 늘어났지만 사람들은 집중해서 책을 읽었다. 서로를 배려하는 분위기와 책방에 맞춰 준비한 콘텐츠를 온전히 즐기는 사람들로 모카책방은 운영하는 기간 내내 과도한 소음이나 작은 사고조차 없었다. 모카책방이 사람들에게 전하려던 책과 함께하는 여유로운 시간이 제대로 전달된 것이다. 적어도 모카책방을 방문한 사람들의 머릿속에는 '모카골드'를 마시는 장면에 모카골드를 여유롭게 즐기는 장면도 추가할 수 있었다.

• 모카책방 만나러 가기

[맥심 모카책방]
하늘과 커피와 별과 시
Written by 황정민

[맥심 모카책방]
커피도 사랑이 될까요?
Written by 김우빈

[맥심 모카책방]
성수동 커피 여행자
Written by 이나영

모카책방 Activity

서울특별시 성동구 성수동

2016년

4월 1일부터 6월 6일까지

56,492명

총 방문객 수

캘리가 담긴 나만의 책갈피
마음에 드는 시 구절을 캘리그라퍼에게
전달하면 나만의 책갈피가 완성된다.

사랑이 꽃피는 커피
엄지 손가락에 인주를 찍은 후 한 번씩
교차해서 하트 모양 도장을 찍는 방식
으로 사랑이 꽃피는 커피잔을 완성했다.

여행사진전
내가 찍은 사진으로 모카책방을 꾸미는
기회! 휴대폰 속 여행사진을 찾아 포토
프린터로 출력한 후 여행사진전
공간에 붙이면 완료! 책방에 온 사람
들과 추억을 함께 나눌 수 있다.

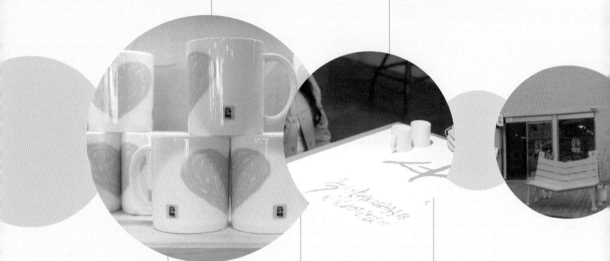

테마컵 증정
시, 로맨스, 여행, 세 가지
테마와 맞는 시컵, 로맨스컵,
법랑컵을 증정했다.

책.맥클럽
맥심 커피작가와 전문 진행
자가 함께하는 북콘서트로
매주 다른 테마로 진행하였다.

낭독의 테이블
진행자와 6명의 참여 고객
으로 진행한 낭독 프로그램
으로 낭독의 테이블에 둘러
앉아 책속 문장을 낭송하였다.

커플의자
모카책방 외부에 설치한
노란색 벤치로 가운데로
기울어져 있어서 양끝에서
앉으면 자연스럽게 중앙
에서 만나게 된다.

부산시
해운대구
청사포로

3

모카사진관

01

왜 사진관인가?

남녀노소 누구나 사진이 일상이자 유행이 된 시대에 살고 있다. 그런데 사진을 쉽게 찍게 되면서 오히려 사라져 가는 장소가 있다. 때가 되면 온 가족이 다 같이 근사하게 차려입고 찾아가 화목한 모습을 담아내던 사진관 말이다. 요즘에는 주민등록증과 여권을 만들 때 외에는 동네 어디에 사진관이 있는지 잊고 살기 십상이다. 모카골드는 우리 일상에서 점점 사라져 가는 사진관에서 새로운 경험을 선사하기 위해 '사진관'을 모카골드 익스피어런스 캠페인의 세 번째 테마로 잡았다.

우리는 언제 어디서든 휴대폰으로 사진을 찍고, 그 사진을 공유할 수 있다. 하지만 사진관은 너와 내가 함께, 우리 가족이 다 같이 모여서 사진을 찍는 공간이다. 커피 또한 그렇다. 언제 어디서도 마실 수 있지만 사랑하는 사람과 그 향을 함께 맡고 맛을 음미하고 싶다면 그 사람과 만나야 한다. 가상이 아닌 진짜 경험을 하기 위해 같은 시간, 같은 자리에 모여야 한다. 가상의 공간에서는 할 수 없는 진짜 경험의 힘. 모카사진관은 이 힘을 믿고 문을 열었다.

모카사진관에 모인 사람들은 설레는 마음으로 사진을 찍고, 커피를 마시며 사진에 대한 이야기를 나누었다. 중년의 신사가 다시 교복을 입고 수십 년을 거슬러 고등학생이 되고, 표현이 서툴렀던 자식들은 카메라 앞에서 용기를 내어 부모님을 꽈악 끌어안아 본다. 부끄럽지만 설레는 마음은 웃음이 되고, 그 웃음은 사진에 고스란히 담긴다. 커피 한 잔을 두고 앉아 사진을 보며 두런두런 이야기를 나누고, 깊어지는 대화처럼 서로에 대한 마음도 깊어진다. 모카사진관은 함께여서 느낄 수 있는 행복을 선사하는 공간이자 소중한 사람과 지금 이 순간을 간직할 수 있는 장소다.

02
부산, 그림 같은 풍경을 담을 수 있게

제주도의 모카다방과 서울의 모카책방에 이은 세 번째 익스피어런스 캠페인은 어디에, 어떤 모습으로 자리해야 할까? 두 번의 경험에서 우러나온 다양한 아이디어가 쏟아졌다. 아이디어의 물결 속에서 잊지 말아야 할 것은 '모카'라는 이름과 자연스럽게 어우러질 것과 'Oldies but Goodies'가 잘 표현되어야 한다는 것. 이를 바탕으로 온갖 지역과 콘셉트, 공간에 대해 오랫동안 논의한 끝에, 사진관이 세 번째 테마로 결정되었다. 모카사진관이라는 이름을 걸고 문을 열 장소를 찾을 때 가장 중요한 이슈는 '사진에 예쁘게 담길 만한 곳'이었다. 사진관이라는 콘셉트에 맞춰 다양한 방식으로 사진을 찍을 수 있는 공간이 필요했다.

> "모카다방, 모카책방에 이어 모카사진관은 어느 지역이 좋을까?"
> "모카다방은 제주도, 모카책방은 서울이었으니까 모카사진관은⋯ 부산?"
> "부산??"

모카사진관은 2017년 5월 18일 부산 청사포 해변에 문을 열었다. 모카골드가 세 번째 익스피어런스 캠페인을 오픈할 지역으로 부산을 확정한 데는 단순히 부산이 제주도와 서울 다음을 생각했을 때 가장 먼저 떠오르는 대도시이기 때문만은 아니었다. 부산에는 제주도와는 또 다른 매력을 지닌 바다가 있고, 서울처럼 번화한 지역 사이에 새로운 이야기를 만들어 낼 수 있는 작은 동네가 있지 않을까 하는 기대감이 있었다.

번화하고 복잡한 곳은 모카골드 익스피어런스 캠페인의 취지와 맞지 않았기에 모카사진관의 최종 확정지는 부산 하면 떠오르는 서면이나 해운대가 아닌 청사포라는 다소 생소한 곳으로 결정했다. 청사포는 맛집 한 곳을 제외하고는 사람들이 많이 찾는 명소가 없어 한적한 동네였다. 그래서 모카사진관을 찾는 사람들은 마음껏 부산 바다를 사진에 담을 수 있었다. 어느 각도, 어느 방향으로 사진을 찍어도 그림 같은 풍경이 담기는 건 물론이었다. 또한 주변에 크고 화려한 건물이 없어서 멀리서도 모카사진관 건물이 눈에 확 띄었고, 처음 오는 사람들도 헤매지 않고 단번에 모카사진관을 찾을 수 있었다.

모카사진관은 사람들의 발길이 뜸했던 청사포의 새로운 명소가 되어 수많은 사람의 발길을 이끌었다. 모카사진관을 방문한 사람들은 사진관

안에 설치된 다양한 콘텐츠를 즐기며 추억을 쌓고 이야기를 만들었으며, 청사포라는 알려지지 않았던 아름다운 장소를 발견하게 되었다. 이들에게 청사포는 모카사진관에서의 추억과 함께 다시 찾아가고 싶은 지역으로 기억될 것이다.

03
사진관에서 모카골드를 풍부하게 즐기는 여러 갈래 길

본관과 별관 두 개의 건물로 나눠진 데다 본관은 3층 건물에 루프톱까지 있는 모카사진관은 모카골드 익스피어런스 캠페인 중 가장 다양하게 콘텐츠를 풀어낸 장소였다. 즐길 거리도 많고, 동선이 여러 가지로 나뉠 수 있었지만 코스를 정해두거나 동선을 짜고 방문객을 이동시키지는 않았다. 대신 자연스럽게 사람들이 같은 흐름으로 움직일 수 있도록 보이지 않는 동선을 마련해두었다. 누군가의 안내에 따라가는 것이 아닌, 자발적으로 모든 콘텐츠를 둘러보면서도 다른 사람들과 부딪히지 않게 하는 장치였다.

1층이 모카골드의 익스피어런스 캠페인 현장을 탐험하고 커피를 받는 장소라면, 2층과 3층은 커피를 음미하면서 적극적으로 사진을 배우고 즐기는 공간, 루프톱은 바다를 보며 사진을 찍거나 휴식을 취하는 공간의 역할을 했다. 별관은 주로 대기 장소로 운영되었는데, 이곳에도 기다리는 동안 모카골드에 관한 이야기를 살펴보거나 인증샷을 찍을 수 있는 스팟을 마련해두었다.

사진에 관련된 콘텐츠로는 크게 방문객이 직접 찍는 스팟과 전문 사진
작가가 찍어주는 스팟, 그리고 자유롭게 휴대폰으로 사진을 찍는 스팟
등으로 구분되었다. 가장 호응이 좋았던 콘텐츠는 입구에 배치한 모카
마통과 3층에서 진행한 사진작가의 촬영이었다. 모카마통은 유럽 여행
을 하면 종종 발견할 수 있는 포토마통 기기로 안에 들어가 촬영을 하면
4컷 흑백사진이 나오는데, 스티커사진처럼 함께 온 일행과 즐거운

추억을 남기기에 좋은 소재라 인기가 많았다. 3층에서 진행된 사진작가의 촬영은 평소에 쉽게 경험할 수 없는 데다 휴대폰으로 찍는 사진보다 높은 퀄리티의 결과물을 받을 수 있다는 점에서 높은 인기를 끌었다.

모카사진관은 내부가 아닌 1층에서 커피를 받은 후 다시 외부로 나가야 위층으로 올라갈 수 있는 다소 불편한 구조였다. 그렇지만 오히려

이를 활용해 2층과 3층에 방문객이 자발적으로 참여할 수 있는 흥미로운 콘텐츠를 배치했고, 자연스럽게 모든 공간을 둘러보도록 만들었다. 동시에 동선 사이사이에 오래된 사진기와 사진을 전시하고, 사진의 역사를 보여주는 섹션도 마련하여 메인 주제인 사진과 'Oldies but Goodies'의 가치를 전하고자 했다.

보여주는 콘텐츠도 다양하고 공간도 여러 가지로 분리된 모카사진관에서 구성만큼 중요하게 생각했던 건 방문객들의 안전이었다. 기존의 건물에 없었던 계단과 옥상에 난간을 설치했고, 들어오고 나가면서 사람들이 충돌하지 않도록 동선을 설계했다. 카페지기들은 계단을 올라가는 방문객들의 커피를 대신 들어주거나, 옥상 난간에서 위험한 일이 일어나지 않도록 안전에 집중하며 운영을 이어갔다. 이렇게 모카사진관은 콘텐츠의 다양성과 확장을 도모하며 좀 더 풍부하게 모카골드를 즐기는 방식을 제시했다.

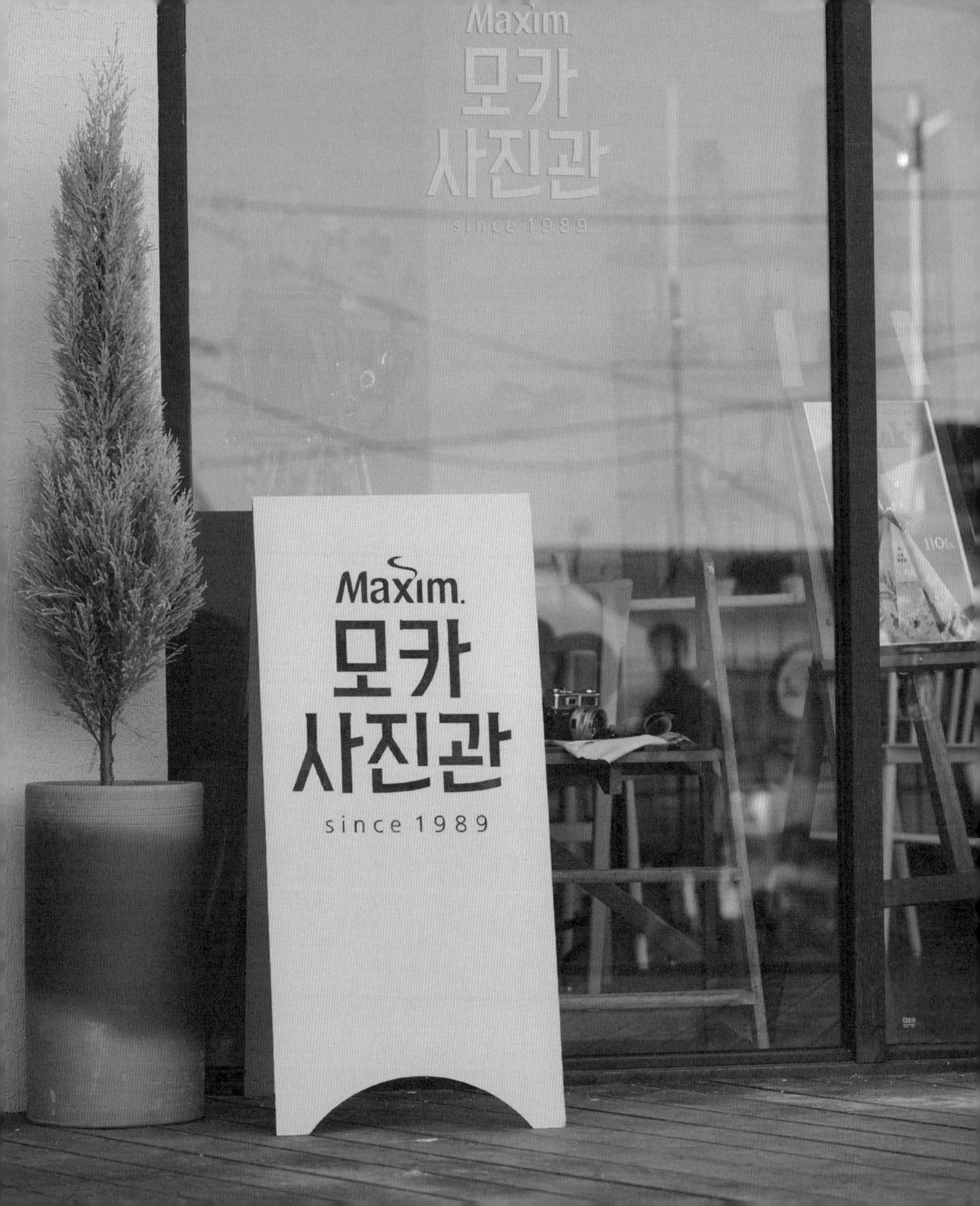
Maxim
모카
사진관
since 1989
Maxim.
모카
사진관
since 1989

04

모든 과정을 안전하게 지켜준 보이지 않는 손길

모카사진관이 열리는 동안 카페지기를 비롯한 캠페인 운영자들이 가장 신경 썼던 부분은 '사람'이었다. 모카사진관을 찾은 모든 사람이 불편하지도, 불쾌하지도 않게 이곳을 온전히 즐기도록 모든 신경을 쏟았다. 무더운 여름날 모카사진관을 즐기려고 멀리서 찾아와 줄을 서며 기다리는 사람들을 위해 별관을 대기 공간으로 활용했고, 유독 인기가 많았던 모카마통에서 사진을 찍기 위해 기다리는 사람들에게는 잠깐이나마 더위를 식힐 수 있는 부채를 제작해 선물로 제공했다. 대기시간이 너무 길어 원하는 사진을 찍지 못한 방문객들에게는 카페지기가 또 다른 포토 스팟을 추천해주거나 직접 사진을 찍어주기도 했다.

가장 신경을 쓴 부분은 방문객들의 안전이었다. 유독 계단이 많았던 모카사진관은 안전에 대비해 모든 계단과 루프톱에 난간을 설치했지만, 이에 그치지 않고 카페지기들은 세심하게 방문객들의 안전을 살폈다. '계단이 위험하니 조심하세요'라는 경고 대신 "제가 대신 컵을 들어드릴까요?"라는 말로 방문객들이 한 번 더 계단을 살펴보게 했고, 루프톱 공간에서도 혹시 모를 위험한 상황에 대비해 늘 꼼꼼하게 공간을 관리했다. 사고를 미리 방지하기 위해서이기도 하지만, 방문객들이 다른 신경을 쓰지 않고 온전히 모카사진관을 즐기는 것을 돕기 위한 마음이기도 했다.

모두가 걱정 없이 즐거운 추억을 가져갔으면 하는 마음은 모카사진관이 문을 닫은 이후에도 지속되었다. 모카골드 직원들은 부산 지역의 사진작가들과 함께 청사포 주변의 어르신들을 찾아가 영정사진을 찍어드렸다. 일명 '찾아가는 모카사진관'이었다. 모카골드를 알리기 위함도, 모카골드 익스피어런스 캠페인을 홍보하기 위한 목적도 아니었다. 그저 모카사진관에서 오래 간직하고 싶은 사진을 찍으며 즐거워했던 방문객처럼 조금 더 많은 이들에게 좋은 사진을 남겨주고 싶은 마음이었다. '찾아가는 모카사진관'은 이곳을 찾는 사람들, 그리고 불가피하게 찾아오지 못하는 사람들에게 모카골드의 진심과 따뜻한 마음을 전하려는 작은 움직임이었다. 모카사진관은 이곳을 찾은 사람들에게는 좋아하는 사람들과 함께 재미있게 촬영한 즐거운 추억으로, 영정사진을 찍은 어르신들에게는 잊지 못할 따뜻한 마음으로 기억될 것이다.

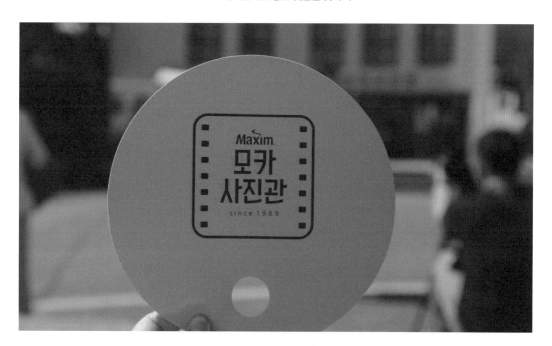

05
언제든 꺼내 볼 수 있는 추억 한 장 담아가세요

'남는 건 사진뿐이다'라는 말이 있다. 조금 부끄럽더라도 즐거웠던 순간에 남긴 사진은 언제든 다시 꺼내 볼 수 있는 추억이 되기 때문이다. 모카사진관은 방문객 모두에게 이런 추억을 남겨주기 위한 온갖 방식의 사진기로 공간을 가득 채웠다.

1층 커피 바의 입구에는 스티커사진처럼 작은 부스에 들어가 4컷 사진을 찍을 수 있는 모카마통을 설치했다. 사람들은 부스 안에 옹기종기 모여 앉아 서로 장난을 치며 즐거운 순간을 찍었고, 즉석에서 나온 4컷 사진은 잘 나오든 못 나오든 웃으며 대화를 나눌 수 있는 소재가 되었다. 누구나 사진작가가 되어 셔터를 누르면 우리만의 콘셉트 사진을 찍을 수 있는 셀프사진관도 있었다. 이곳에서 사람들은 사진을 찍어주는 사람이 있었다면 하지 못했을 재미있고, 유쾌하고, 때로는 과감한 포즈를 지으며 마음껏 사진을 찍었다. 3층에서는 전문 사진작가가 사진을 찍어주는 섹션이 있었다. 이곳에서는 돌사진이나 가족사진, 그리고 옛날 사진을 다시 재현해보는 추억의 사진 등 다양한 콘셉트를 전문 사진작가가 완성도 높은 사진으로 만들어줘 예약이 끊이질 않았다.

꼭 특별한 방식이 아니더라도 모카사진관에는 휴대폰으로 찍고 싶은 다양한 스팟들이 있었다. 모카프레임을 활용해 바다와 함께 인증샷을 찍을 수 있는 루프톱을 비롯해 대기 공간으로 활용한 별관, 그리고 오래된 사진기를 모아놓은 전시 공간, 귀여운 소품이 있는 테이블 자리 등 사람들은 모카사진관의 곳곳에서 다양한 아이디어로 자유롭게 사진을 찍었다. 모카사진관에서 찍은 수많은 사진은 누군가의 집에, 혹은 지갑 속에, 그리고 SNS에 추억으로 남았다. 모카사진관은 한시적으로 운영되었지만, 모카사진관에 왔던 사람들이 각자의 방식으로 찍었던 추억 한 장은 언제든 꺼내 볼 수 있는 이야기가 되었다.

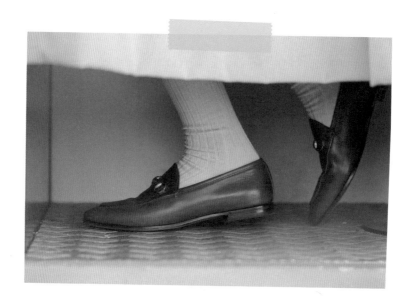

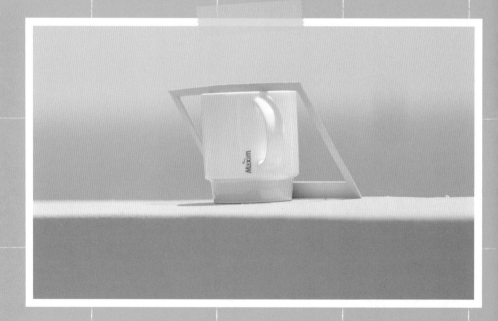

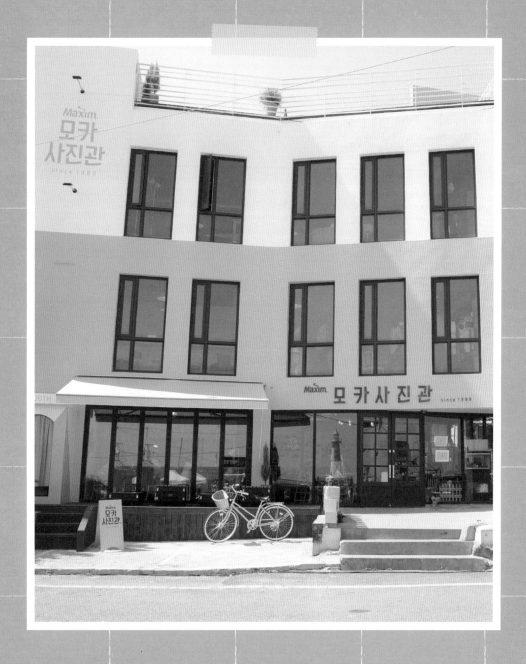

06

모카사진관이 남긴 것들

휴대폰만 있으면 누구나 사진을 찍을 수 있는 환경에서 사진관이라는 콘셉트가 과연 매력이 있을까? 모카사진관이라는 이름만 듣고 이런 의문을 품는 사람이 있을 거다. 어쩌면 사진찍기 좋은 카페 이상의 무언가가 없을 수도 있는 모카사진관이 61일 동안 10만 명에 가까운 방문객들로 높은 인기를 끌었던 데는 특별한 이유가 있다.

모카사진관을 찾은 구성원은 친구, 연인, 가족 등 다양했지만 그중에서도 가족사진을 찍으러 모인 가족들이 많았다. 친구나 연인은 종종 사진을 찍지만 가족사진은 날을 잡지 않고는 찍기 어렵다. 모이기 쉽지 않을 뿐만 아니라 가족사진을 찍으려면 뭔가 거창한 이유라도 있어야 할 것 같다. 결혼이나 출산으로 가족구성원이 늘었다거나 결혼 10주년, 20주년 기념 촬영 등. 하지만 일부러 가족사진을 찍지 않는 가족은 없다. 가족이 다같이 모여 사진을 찍는 것이 익숙하지 않을 뿐. 모카사진관에 모인 가족들은 약간의 긴장과 설렘을 안고 카메라 앞에 섰다. 촬영이 시작되고 가족 모두가 함께한 추억이 출력되면 커피 한 잔을 마시면서 두런두런 이야기를 나눈다. 사진이 잘 나왔든 못 나왔든

웃음이 끊이지 않는다. 가족 모두에게 잊지 못할 추억이 생겼다.

전문 사진작가가 세팅해둔 카메라 앞에서는 중년의 신사 두 분이 셀프 사진 코너에 준비된 교복을 입고 익살스러운 표정을 짓는다. 친구와 함께 타임머신을 타고 고등학교 시절로 돌아가 잊고 살았던 개구진 표정과 행동을 한다. 사진이 나오기를 기다리는 동안 모카골드를 한 잔 마시며 그 시절 그때를 떠올리며 추억여행을 떠난다. 까맣게 잊고 살았던 그때가 어제 일처럼 생생하게 떠오른다. 다시 고등학생이 된 듯, 온몸에 힘이 솟는다. 무뚝뚝한 아들과 함께 사진을 찍는 아버지, 엄마를 사이에 두고 호위무사처럼 사진을 찍는 두 딸의 모습 등은 모카 사진관에서 볼 수 있는 훈훈한 광경이었다.

> "가족과 이렇게 사진을 찍은 건 처음이에요."

가족사진을 찍은 방문객들의 한결같은 소감이다. 너무 익숙해서, 늘 곁에 있어서, 매일 보는 사람들이라 이들과의 시간을 사진으로 기록할 생각을 하지 못했다. 어려운 일이 아닌 데도 시도할 생각조차 하지 않았다. 방문객들은 모카사진관이 아니었다면 하지 않았을 시도를 해보면서 새로운 추억을 만들었다. 그리고 그렇게 추억을 만들어간 사람들은 한참 시간이 흐른 뒤에도 모카골드를 마실 때마다 그때의 일을 기분 좋게 회상할 것이다. 모카사진관은 그렇게 사람들 기억에 모카골드와 함께하는 한 페이지를 만들었다.

• 모카사진관 만나러 가기

[맥심 모카사진관]
맥심 모카사진관 OPEN!

[맥심 모카사진관]
맥심 모카사진관 in 부산

모카사진관 Activity

부산광역시 해운대구 청사포 | 2017년 | 90,398명

5월 12일부터 7월 11일까지 | 총 방문객 수

모카마통

스티커사진을 찍듯 간편하게 추억을 만들 수 있는 즉석 사진 방식으로 방문객들의 참여도와 만족도가 높았다.

셀프사진관

부산 출신 사진작가가 세팅해 놓은 카메라로 참여자가 직접 리모콘으로 셔터를 눌러 촬영을 진행했다. 촬영한 사진은 포토프린터로 출력하거나 메일로 전송했다.

초청사진관

사전 응모를 통해 참여자를 선정하여 전문 사진작가가 사진을 촬영해주었다. 촬영한 사진은 액자에 담아 전달했다.

모카프레임

옥상에는 주변 풍경을 배경으로 특별한 사진을 촬영할 수 있는 노란색 포토 프레임을 설치하였다.

모카 사진클래스

전문가에게 촬영 기법을 배울 수 있는 기회! 사전 응모를 통해 전문 사진 작가가 들려주는 사진 촬영 강연을 들을 수 있었다.

사진 꿀팁 강좌

강사가 테이블을 돌아다니며 셀카 찍는 방법, 휴대폰 사진 어플을 선택 하는 방법, 필터 고르는 방법 등을 알려주었다.

전주시
완산구
전동성당길

모카우체국

01

왜 우체국인가?

모카골드 익스피어런스 캠페인의 진행 목적은 모카골드를 모르거나 즐기지 않는 세대와의 연결고리를 만드는 것이었다. 그리고 동시에 그동안 모카골드를 사랑해준 고객들에게 감사한 마음을 전하는 것이었다. 모카골드는 모카다방, 모카책방, 모카사진관, 모카우체국을 진행하는 동안 고객과 소통하고 마음을 나누며 어느 정도 초기 목적을 이루었다.

> "잊지 못할 특별한 경험을 했어요."

모카골드 익스피어런스 캠페인 현장에 다녀간 사람들의 말이다. 생각지 못한 반응이다. 방문객들은 마음만 먹으면 하기 쉽지만, 그 마음을 먹지 못해서 혹은 마음먹을 생각을 못 해서 하지 않았던 것들을 모카골드 익스피어런스 캠페인에서 하게 되었다고 말했다. 엄마와 함께 모카다방에 왔다가 처음으로 엄마의 젊은 시절 이야기를 듣게 된 딸의 이야기, 모카사진관에서 아빠와 처음으로 단둘이 사진을 찍은 아들의 이야기 등의 후일담은 모카골드 익스피어런스 캠페인이 남긴 또 다른 성과다.

모카골드 익스피어런스 캠페인의 네 번째 테마 역시 모카골드가 추구하는 'Oldies but Goodies'에서 벗어나지 않으면서 사람들에게 특별한 경험을 남길 수 있는 장소로 기획되었다. 그렇게 탄생한 것이 바로 '모카우체국'이다. 업무를 하면서 수십 통의 이메일을 주고받고, 일상에서 메신저를 통해 수백 개의 메시지를 주고받지만, 직접 손으로 쓴 편지에 담긴 정성과 진심을 대체할 수는 없다. 한 글자 한 글자 눌러 쓰며 편지지에 마음을 담는 행위. 그 자체로 편지를 받아든 이는 감동한다. 모카골드는 이에 착안해 편지를 쓰고 보낼 수 있는 모카우체국을 열었다.

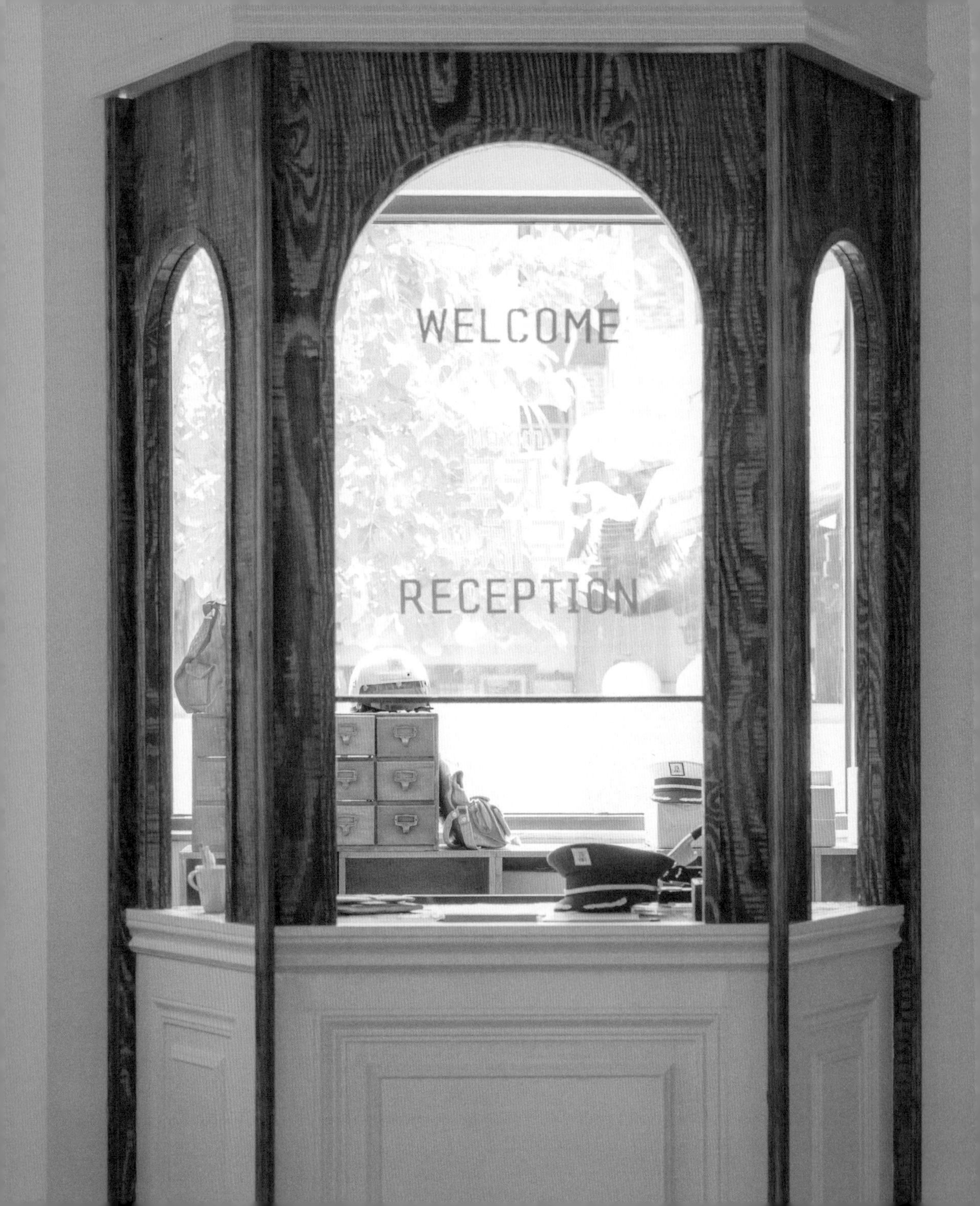
WELCOME
RECEPTION

"기발하고 이색적인 아이디어가 가득했죠. 그러다 문득 떠올랐습니다. 요즘 우리가 진짜~ 안 하는 거! 그래도 받으면 정~말 기분 좋은 '손편지' 같은 거 말이죠."

모카우체국의 기획부터 진행까지 총괄한 담당자의 말이다. '아직도 손편지를 쓰는 사람이 있을까?' 의문을 품을 수도 있다. '편지'라는 개념 자체가 사라진 시대이니 말이다. 그렇지만 모카우체국은 모카골드의 모든 익스피어런스 캠페인을 관통하는 'Oldies but Goodies'의 힘을 믿었다. 오래되거나 지나간 것이라고 해서 부질없거나 쓸모없는 것이 아니라 소중한 추억을 상기시키고, 새로운 추억을 만들어주기도 한다는 것을. 모카우체국은 커피를 마시며 마음이 담긴 편지를 쓰는 경험을 통해 모카골드 한 잔의 시간이 주는 가치를 다시 한번 상기시켰다.

02
전주 한옥마을 경기전 곁에 우체국을 열다

제주도, 서울, 부산에 이어 모카골드의 네 번째 익스피어런스 캠페인 장소로 선정된 도시는 전주였다. 우리나라의 대표적인 슬로우시티인 전주는 매년 새로운 지역을 선정하는 모카골드 익스피어런스 캠페인의 행보에 걸맞은 도시이자 '아날로그' 혹은 모카골드 익스피어런스 캠페인을 관통하는 주제인 'Oldies but Goodies'와도 적합성이 높은 곳이었다. 게다가 젊은 세대들에게 관광지로 각광을 받는 도시 중 하나였다. 모카우체국이 열리는 5월은 '전주국제영화제'가 열리는 시기이기도 해서 전주 지역민뿐만 아니라 다양한 지역의 사람들에게 모카골드의 콘텐츠를 보여줄 기회가 되었다.

모카골드의 네 번째 익스피어런스 캠페인인 '모카우체국'은 전주 중에서도 한옥마을 옆, 경기전이 눈 앞에 펼쳐지는 자리에 문을 열었다. 모카우체국 장소를 선정하는 데는 몇 가지 기준이 있었다. 우선 방문객이 어렵지 않게 찾아올 수 있도록 대중교통 접근성을 보았다. 한옥마을의 특성상 방문객의 주차 관리가 불가능하기 때문에 근처에 공용주차장이 있는지도 살펴야 했다. 방문한 사람들이 물품이 떨어져 빈손으로

돌아가지 않도록, 물품을 조달할 차량이 하적할 공간이 충분한지도 봐야 했다. 이러한 조건을 갖춤과 동시에 장소 자체만으로도 힐링이 되는 조망권이 있어야 했고, 캠페인 운영으로 주변 상권에 피해를 주지 않도록 카페 밀집 지역은 피해야 했다. 지역의 정서를 품어야 함은 물론이다. 이렇게 까다로운 조건을 통과해 결정된 모카우체국은 전주에서 가장 유명한 관광지인 한옥마을에서 지도상으로 조금 벗어난 위치였지만, 걸어서 갈 수 있을 정도로 가까운 거리에 있었고, 바다나 도심이 보였던 이전의 익스피어런스 캠페인 장소와는 달리 경기전을 비롯해 아름다운 한옥 건물을 감상할 수 있는 곳이었다.

무엇보다 모카골드 한 잔을 마시면서 여유롭게 편지를 보내는 모카우체국의 정서와 가장 잘 어울리는 장소였다. 절묘한 위치 선정 덕분일까? 모카우체국은 오픈과 동시에 한옥마을을 찾은 젊은 세대의 여행객은 물론이고 전주 지역에 거주하는 사람들의 주목을 단숨에 이끌어냈다.

03
마음을 보내는 다양한 방법

모카우체국에서 가장 눈에 띄는 물건이자 가장 큰 역할을 차지한 건 우체통이었다. 모카우체국의 비주얼을 담당하는 아트팀은 바티칸에 있는 주물로 만든 대형 우체통에서 영감을 받아 모카우체국만의 우체통을 제작했다. 이 우체통은 모카우체국을 설명하는 상징적인 오브제이자 모카우체국의 시작과 끝을 담당하는 역할을 맡았다. 사람들은 이 우체통 앞에서 사진을 찍기도 하고 진짜 편지를 넣기도 했다. 실제로 담긴 편지는 모두 전주우체국을 통해 발송되었다.

우체통이 모카우체국의 입구와 출구 역할을 했다면, 본관에 해당하는 3층 건물은 크게 두 가지 역할로 나뉘었다. 1층은 과거 여름날, 한낮의 더위를 피하는 공간이자 편지를 보내기 위한 공간으로 활용되었던 우체국의 역할을 떠올리며 모카골드를 마시면서 앉아서 쉴 수 있도록, 곳곳에 의자를 많이 배치했다. 또한 실제 옛날 우체국에 방문한 듯한 느낌을 받을 수 있게 우체국 메인부스를 만들고 필경대를 설치해 다양한 필기구를 놓았다. 사람들은 필경대에 놓인 다양한 필기구로 손편지를 쓰며 이색적인 체험을 하게 된다.

2층과 3층, 그리고 루프톱에는 본격적으로 모카우체국이라는 이름에 걸맞은 콘텐츠를 채워 넣었다. 커피를 마시면서 편지를 쓰거나, 영상편지를 남기거나, 아니면 당시에 생각나는 누군가에게 연락을 할 수 있는 공간으로 꾸민 것이다. 1층 커피 바에서 모카골드 한 잔과 함께 받은 편지지를 들고 올라온 사람들이 천천히 편지를 쓸 수 있게 자리를 넉넉히 마련했다. 그리고 어디서든 아름다운 전주의 풍경을 볼 수 있도록 공간

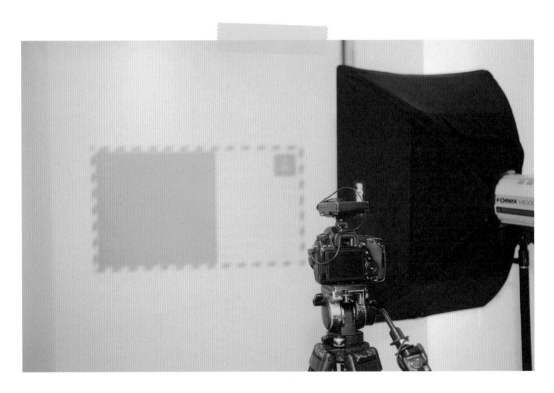

을 구성했다. 좋은 것을 보면 좋아하는 사람이 생각나고, 짧은 연락이라도 하고 싶은 마음은 누구나 들기 때문이다. 여유롭게 커피를 마시며 사랑하는 친구나 가족에게 손편지를 쓰거나 벽면 방명록에 글을 남기고, 편지를 작성한 후에는 1층 메인부스에 가져간다. 편지를 받아든 우편국장이 모카골드 3종 스틱을 편지봉투에 넣고 우표를 붙여주면 모카스틱 3총사로 묵직해진 편지지를 받아들고 노란 우체통에 넣는다. 편지발송 완료. 상대방이 편지를 받았을 때를 상상하며 기분 좋은 걸음을 옮긴다. 2층 한쪽에는 영상편지를 찍을 수 있는 촬영부스가 마련되어 있어서 영상으로 마음을 전하고 싶은 이들이나 지금의 모습을 기록하고 싶은 이들에게 인기를 끌었다. 3층에는 나만의 모카씰을 만들 수 있는 부스가 있어서 방문객들은 재미있는 추억을 만들었다.

모카사진관이 콘텐츠로 공간을 채우는 데 집중했다면, 모카우체국은 조금 더 앉아서 생각을 하고, 편지를 쓸 수 있는 공간을 늘리려 노력했다. 모카우체국은 마음을 전하는 공간, 모카골드를 마시며 생각 나는 이에게 어떤 방식으로든 마음을 표현하는 데에 그 역할을 다하도록 설계된 공간이었다.

04

아날로그 경험이 디지털로 확산되다

모카우체국을 포함한 모든 모카골드 익스피어런스 캠페인은 실제로 온오프라인 두 가지 공간에서 존재했다. 실제로 방문하는 사람들이 체험하는 오프라인 공간과 그 안에서의 경험이 디지털화되어 나오는 영상이나 SNS 콘텐츠들이 공유될 온라인 공간. 모카우체국에서는 지역이 멀어 찾아갈 수 없는 사람들이 온라인상에서 경험할 수 있는 두 번째 콘텐츠를 위한 다양한 요소를 만들었다.

SNS에 남기고 싶은 포토 스팟은 물론이고, 모카골드 익스피어런스 캠페인 시리즈 중 처음으로 영상편지 콘텐츠가 개발되었다. 모카사진관에서의 셀프사진관처럼 촬영작가 없이 스스로 영상을 촬영하는 방식으로, 외부와 차단된 부스에 들어가면 엽서 프레임 그림이 그려져 있다. 그 앞에서 사람들은 부담없이 마음속 이야기를 털어놓는다. 손으로 쓰는 편지가 아날로그 세대의 감성을 이끌어냈다면, 엽서 모양의 프레임 안에서 영상으로 남기는 편지는 디지털 세대의 니즈를 충족시킬 수 있는 방식이었다. 실제로 방문객 중 1,328명이 영상편지를 남겼고, 모카우체국이 해시태그로 올려진 SNS 게시물들은 약 2만여 건에 달했다.

이렇게 시리즈가 나아가고 새롭고 다양한 방식의 콘텐츠가 늘어날 때마다 운영진이 주의를 기울였던 건, 방문객들의 요청이나 질문 혹은 컴플레인을 빠르게 해결해주는 것이었다. 체험할 거리가 늘어나는 상황에서 무언가 문제가 발생했을 때 불편을 겪는 건 방문객이다. '방문객들이 불편한 상황이 최대한 없어야 한다'는 원칙은 모카골드 익스피어런스 캠페인을 기획하고 진행하는 모두가 공유하는 생각이었다. 그렇기 때문에 어떤 문제라도 투명하게 공유해 빠르게 해결하려 애썼고 오직 방문객이 즐겁게 체험하고 돌아갈 수 있도록 모두가 신뢰를 바탕으로 캠페인을 진행했다. 이런 노력 덕분일까? SNS에 모카우체국의 이름으로 올라온 포스팅에는 새로운 콘텐츠를 부담 없이, 편하게 즐기고 간 이들의 즐거운 흔적들이 가득했다.

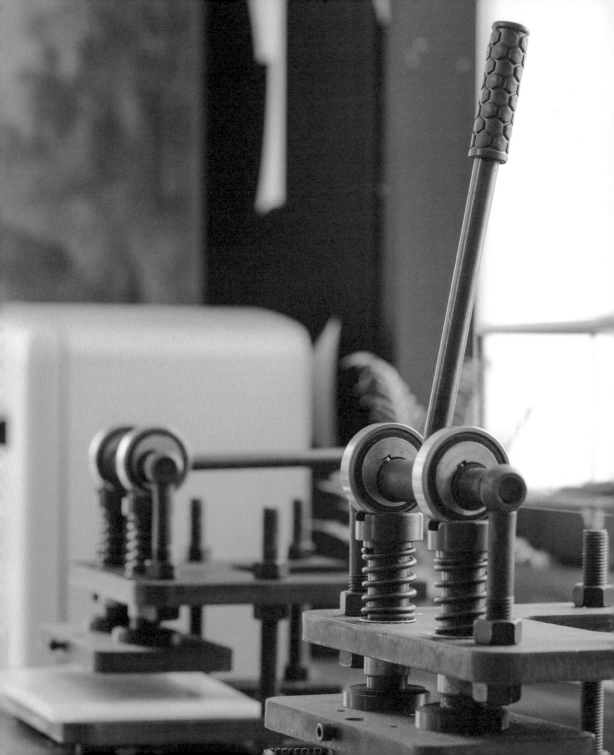

05

편지를 매개로 연결되는 즐거운 경험

모카우체국 프로그램의 특별함은 모카골드 익스피어런스 캠페인이 방문객들의 경험만으로 끝나지 않았다는 데 있다. 운영 당시 이름만 보고 진짜 우체국인 줄 알고 편지나 소포를 부치러 오는 사람들이 있었던 모카우체국은 실제로 편지를 배송해주는 이벤트를 벌였다. 운영 전부터 전주우체국과 논의를 통해 진짜 배송 가능한 우표를 만들었고, 현장에서 편지를 쓰고 우표를 붙인 사람들에게 모카골드의 3가지 커피믹스를 동봉해 편지를 보냈다. 배송된 편지를 받은 사람들은 모카우체국에 방문하지 않았더라도 동봉된 모카골드를 마시고 편지를 읽는 간접적인 방식으로 모카골드 익스피어런스 캠페인을 경험하게 되는 셈이다. 이 외에도 자신의 얼굴을 촬영해 세상에 하나밖에 없는 '나만의 모카씰'을 만드는 이벤트와 손편지 대신 영상으로 편지를 보내는 이벤트 등 모카우체국의 감성과 어울리는 콘텐츠가 가득했다.

모카다방에서 커피를 마시며 대화를 하는 것, 모카책방에서 책을 읽는 것, 모카사진관에서 사진을 찍는 것에 비해 모카우체국은 요즘 사람들이 거의 하지 않는 편지쓰기가 메인 콘텐츠였다. 그럼에도 의외로 우체국

이라는 콘셉트에 충실하게 몰입해서 편지를 쓰거나 떨리는 마음을 부여잡고 영상편지를 보내는 이들이 가득했다. 사람들은 진지한 자세로 한 글자 한 글자, 말 한마디, 한마디에 마음을 담아 편지를 썼다.

> "오랜만에 진지하게 글씨를 써보네요."
> "상대방에 대해 생각해 볼 시간을 주어서 감사합니다."

모카우체국에서 사람들은 저마다 소중한 사람을 떠올린다. 사랑하는 사람, 그리운 사람, 보고 싶은 사람. 그 대상은 친구가 될 수도 있고, 돌아가신 할머니가 될 수도 있고, 어렸을 적 좋아했던 선생님이 될 수도 있다. 항상 곁에 있는 부모님이나 자기 자신이 될 수도 있다. 모카우체국은 사람들에게 바쁜 생활로 잊고 살았던 소중한 사람을 떠올리고 그 사람에 대해 진지하게 생각해 볼 기회를 제공해주었다.

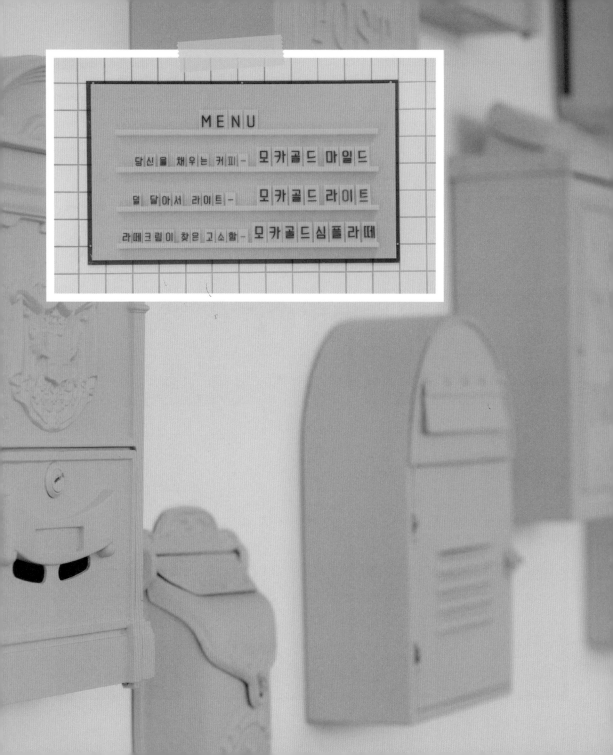

MENU

당신을 채우는 커피 - 모카골드 마일드

덜 달아서 라이트 - 모카골드 라이트

라떼크림이 찾은 고소함 - 모카골드심플라떼

06
모카우체국이 남긴 것들

모카골드의 익스피어런스 캠페인이 시리즈로 지속되면서 등장한 새로운 유형의 방문객이 있다. 그들은 모카골드의 이름으로 진행했던 모든 익스피어런스 캠페인을 체험한 단골 혹은 팬이었다. 새로운 익스피어런스 캠페인이 열릴 때마다 먼 거리를 마다하지 않고 찾아가 모카골드와 추억을 쌓은 이들은 네 번째 캠페인인 모카우체국에 가장 많이 등장했다.

모카우체국 운영 종료 후 방문객들이 우체통에 넣은 편지와 엽서를 수거하던 중 봉투가 없는 편지지를 발견했다. 발송할 주소가 적힌 봉투가 없으면 편지를 보낼 수 없었기에 정신이 아찔했다. 확인해 보니 방문객이 모카우체국에 쓴 감사편지였다. 모카우체국은 감사한 마음을 담아 답장을 했다.

모카사진관에 못 갔던 것이 너무 아쉬워서 전주까지 찾아왔다는 분들, 주변 밥집이나 인근 업소에서 소개를 받아 찾아왔다는 분들 등. 모카우체국은 모카골드가 준비한 콘텐츠를 사람들에게 제공하는 데 그치는

일방적인 캠페인이 아니라, 모카골드 익스피어런스 캠페인을 좋아하
는 팬들과 함께 소통하며 함께 만들어간 캠페인이었다.

이들은 모카우체국의 콘텐츠를 즐기는 것을 넘어 모카골드의 행보를 지지하고, 때로는 자체적으로 콘텐츠를 만들어 전파할 정도로 다양하고 중요한 역할을 한다. 모카우체국에 이런 팬들이 가장 많이 등장했다는 것은 곧 모카골드 익스피어런스 캠페인이 지속 가능하다는 방증이다.

> "언제까지 해요?"
> "언제 또 해요?"
> "다음에는 우리 동네에서 하면 안 될까요?"

네 번의 모카골드 익스피어런스 캠페인을 모두 방문한 사람들을 비롯해 모카우체국을 찾았던 사람들이 모든 체험을 마치고 가장 많이 남긴 말들이다. 이렇게 다음을 기대하고 바라는 사람들의 말은 프로젝트를 계속해나갈 수 있는 키가 되어준다. 네 번째 캠페인인 모카우체국의 방문객이 가장 많았던 이유 중 하나는 모카다방부터 모카책방, 모카사진관이 쌓아온 역사 때문일 거다. 매년 익스피어런스 캠페인을 이어오면서 모카골드 익스피어런스 캠페인은 사람들에게 하나의 흥미로운 콘텐츠로 자리매김했다. 2018년 7월 8일 모카우체국은 많은 이들의 아쉬움 속에 다음 이야기에 대한 기대를 남기며 문을 닫았다.

• 모카우체국 만나러 가기

[맥심 모카우체국]
전주 한옥마을 모카우체국 오픈

[맥심 모카우체국]
아이유 기다릴 편지 한 통

[맥심 모카우체국]
마음을 전하는 맥심 모카우체국
from 이나영

모카우체국 Activity

전주시 완산구 전동성당길

2018년

5월 8일부터 7월 8일까지

104,166명

총 방문객 수

필경대

엽서와 편지지는 물론이고 모카다방부터 우체국까지 로고와 주소를 담은 스티커, 도장과 엠보싱씰 등 편지를 꾸밀 수 있는 다양한 도구가 준비되어 편지를 쓰는 재미를 더했다.

메시지월

모카우체국 방문 소감, 현재 기분 상태 등 방문객들이 자유롭게 작성한 메시지로 메시지월이 풍성하게 채워졌다.

우체국 메인부스

입구에 들어서자마자 보이는 우체국의 첫인상 같은 곳. 나무프레임과 뒤쪽에 쌓인 소포가 어우러져 영화 속 우체국 부스를 연상시킨다. 다 쓴 편지를 가져가면 모카 골드 3종 스틱을 동봉하여 봉투에 우표를 붙여준다.

전주 명소 관광 지도

전주의 주요 명소를 표기한 관광 지도를 제작하여 모카 우체국에 온 방문객들에게 주변 정보를 알려주었다.

모카 영상편지 촬영부스

엽서 모양을 배경으로 영상편지를 찍을 수 있다. 말한 메시지가 텍스트로 적히고 예쁘게 작업되어 이메일로 받을 수 있다.

특별한 방식으로 편지 쓰기

딥펜 세트, 활자 조판 세트, 타자기 등 매주 달라지는 다양한 도구로 편지를 쓸 수 있다.

나만의 모카씰

스티커 사진을 찍듯 포토 마통에 들어가 사진을 찍으면 내 얼굴이 찍힌 나만의 모카씰이 나온다. 편지봉투 우표 옆, 휴대폰, 노트 등에 활용할 수 있다.

모카클래스

여행작가에게 듣는 '전주의 숨은 매력 이야기', 라디오 작가가 들려주는 '라디오 사연 당첨되는 편지' 등 다양한 강연이 펼쳐졌다.

모카골드 경험마케팅

에필로그

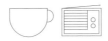

Next Campaign
모카라디오

모카우체국을 성공리에 끝내고, 모카골드 익스피어런스 캠페인 담당자들의 심경이 복잡해졌다. 점점 사람들의 관심이 높아지고, 지속적으로 찾는 팬까지 생겨나자 기대를 저버리지 않아야 한다는 책임감에 어깨가 무거워졌다. 하지만 은근한 압박이 싫지만은 않다. 기분 좋은 부담감, 이번에는 어떤 모습과 콘텐츠로 사람들에게 기분 좋은 경험을 선물할까. 전 연령이 어우러져 즐기려면 어떤 콘셉트여야 할까.

> "목욕탕 어때? 다들 어렸을 적 부모님이랑 목욕탕 가본 경험은 있지 않아?"

"오락실은 어때? 학교 앞 문방구 앞에 앉아서 오락하다가 학교
늦은 적 없어?"
"난 문방구가 괜찮을 것 같은데?"

재미있는 아이디어가 끝없이 쏟아졌다. 하지만 이거다! 싶은 콘셉트가
없었다. 단순한 재미를 넘어선 그 시간, 그 공간에서 유의미한 가치를
전할 수 있는 콘셉트이길 바랐다. Oldies but Goodies, 단순히 오래된
것이 아니라 오래되어서 더 좋은 것. 강렬한 충격보다 잔잔한 감동을
줄 수 있는 무언가.

"라디오 어때요?"
"라디오?"
"라디오만이 줄 수 있는 특유의 감성이 있잖아요."

인기리에 방영했던 드라마 <응답하라 1988>에서도 볼 수 있듯 1970,
80년대에 라디오는 일상생활에서 즐길 수 있는 뉴스와 오락의 큰 비
중을 차지했다. 컬러TV 보급이 대중화되고 각종 스마트기기의 발전으
로 라디오의 비중이 축소되었지만, 여전히 라디오는 사람들의 일상 깊
숙이 자리하고 있다. 라디오를 틀어놓고 집안일을 하거나, 라디오에서

흘러나오는 DJ의 음성으로 하루를 마무리한다. 화려한 볼거리에 지친 두 눈을 쉬어주고 두 귀에 집중하는 시간. 모카우체국을 이을 모카골 드 익스피어런스 캠페인 콘셉트가 정해졌다.

바쁘고 자극적인 일상에 지친 사람들을 따뜻한 소리와 커피로 품으려 는 모카라디오는 5월 20일 당인리 발전소 부근에서 오픈한다. 모카라 디오에는 모카골드와 음악, 그리고 DJ가 있다. 비치된 카드에 사연과 신청곡을 써서 DJ에게 건네면 DJ가 사연 소개와 함께 신청곡을 틀어 주는 라디오의 형식이다. 어머니에게, 아내에게 그동안 표현하지 못한 마음을 전할 기회도 생긴다. 여자친구에게 프러포즈를 하거나 자신을 괴롭히는 못된 상사를 고발해도 좋다. 라디오 사연에는 제한이 없으니 까. 사연엽서월에 빼곡히 붙어 있는 다른 사람들의 사연을 읽는 것은 또 다른 즐거움이다.

한쪽 공간에는 리스닝 부스를 설치해 원하는 음악을 따로 들을 수도 있다. 녹음실 부스에서 녹음할 수 있는 기회도 주어진다. 모카라디오에 서는 소비자가 직접 참여하여 만드는 모카골드의 20초짜리 라디오 광 고를 제작한다. 모카골드에 얽힌 짤막한 멘트를 녹음하면 추후 선정하 여 실제 라디오 광고로 발신할 예정이다. 모카사진관에서부터 모카우체국까지 높은 인기를 끌었던 마통 역시 모카라디오에 등장한다. 이번 모카라디오 마통에서는 마치 라디오 DJ가 된 것 같은 콘셉트로 사진을 찍고 간직할 수 있다. 또한 이번 모카라디오에서는 레코드판 모양의 코스터와 귀여운 라디오 비주얼이 들어간 머그잔을 증정하고, 굿즈샵에서는 한정판 라디오, 카세트테이프 모양의 틴케이스, 에코백, 티셔츠, 텀블러, 연필세트 등 다양한 굿즈도 판매한다. 굿즈 판매는 이전 모카골드 익스피어런스 캠페인에 다녀간 분들의 한결같은 요청에 고심 끝에 내린 결정이다. 물론, [모카골드 경험마케팅]도 만날 수 있다.

커피를 마시며 이야기를 나누는 모카라디오 스튜디오, 따뜻한 봄소식과 함께 다섯 번째 모카골드 익스피어런스 캠페인이 찾아온다. 모카라디오에서 잊지 못할 추억을 만들길 바란다.

강성철	김재환	손지우	윤효정	이호재	지주희
고병택	김정희	송황모	이경환	이호진	진종민
고은혁	나진헌	신찬섭	이광복	임동현	진희진
권택진	도규덕	심현진	이대성	임병권	최경태
김광수	류효정	안이근	이대연	임천학	최금화
김대철	박명천	엄누림	이동희	장지만	최상인
김명희	박성화	연혜경	이문교	장호진	최희연
김미애	박성희	오선영	이수아	정관영	홍재승
김병진	박영순	오승룡	이승준	정다운	홍혜영
김상욱	박정규	옥지성	이용준	정민희	황신영
김석수	박주일	원문재	이주영	정석민	황택근
김소예	박찬규	원정림	이진욱	정유진	
김신애	배세현	유대얼	이진하	정진	
김양훈	변정훈	유정근	이한승	정진열	
김우설	서가영	육종관	이현겸	조동율	
김윤미	선민지	윤석준	이혜경	지소진	

모카골드 익스피어런스 캠페인에 도움을 주신 분들 (가나다순 배열)